本で人をつなぐ

まちライブラリーのつくりかた

礒井純充

学芸出版社

まえがき

まちライブラリーとは、メッセージを付けた本を持ち寄り、まちのあちこちに小さな図書館をつくり、人と出会おうという活動です。

この活動を始めてすでに三年の月日が経ちました。その間、全国に一二〇ヶ所以上誕生し、仲間もどんどん増えています。

「本で人をつなぐまちライブラリーというのはどういうこと?」

「本好きの集まりですか?　本が好きでもない私でもやれるの?」

「まちライブラリーを始めるにはどうしたらいいの?」

たくさんのご質問やお問い合わせをいただきます。

関心を持っておられる人に、これまでのまちライブラリーの歩みや全国各地にあるまちライブラリーをご紹介しながら、私の思いや願いを共有したいと思い、この本を作りました。

第1章では、まちライブラリーについて話す前に、私自身がなぜ図書館の活動に出会ったか、その道筋を語るとともに、私が若い頃にとても感化された学びの場をご紹介します。森ビルという企業に入り、社会人人生の最初に出会った「アーク都市塾」と、それが発展して生まれた「アカデミーヒルズ」です。

そして、六本木ヒルズで文化事業を手掛けた中で生まれた会員制図書館「六本木アカデミーヒルズ」をご紹介します。この成功と私自身の失敗が、まちライブラリー誕生の背景にあるのです。

第2章では、まちライブラリーがどのようにして形作られたのかを書いています。

私の若き師匠となった友廣裕一さん、友廣さんの師匠である友成真一さんとの出会いを通して自分自身を見つめ直し気づいたことや、多くの人たちに支えられて、だんだんと出来上がっていくまちライブラリーの誕生までをご紹介します。

私は、会社の仕事の中で多くの挫折を経験しました。挫折の中でもがきながら、立ち上がろうとしていた時に出会った人たちが、私の背中を押して、支えてくれました。みなさんにも、きっと背中を押してくれる仲間が現れ、新しいチャレンジに向かって一歩を踏み出せるということを感じてくださればうれしく思います。

第3章は、まちライブラリーの事例です。それぞれどういうきっかけで始まったのか、それを始めた人の想いやねらいは何かをご紹介しています。

オフィス、カフェ、お寺、歯科医院、病院、個人宅など大小問わず、それぞれのスタート時における意図がわかるようにご紹介するとともに、社会的にどのような意義があるのかを、私なりにコメントしてあります。これからまちライブラリーをやろうと思っておられる方、また、今やりながらもさらに他の参考事例から情報を得たい方にもお役に立てれば幸いです。

第4章は、まちライブラリー@大阪府立大学についてです。日本でも世界でも珍しい「蔵書ゼロ冊からの図書館」が、どのように生まれてきたのかを書きました。特にユニークな運営方式は、これからの公共とプライベートがどのように対応していけば良いかを考えるヒントにもなるかと思っています。そしてこの場所でまちライブラリーができたことが、その後のまちライブラリーにも大きな影響を与えていると考えています。

第5章は、まちライブラリーの世界を少し離れて、私設図書館の世界「マイクロ・ライブラリー」についてです。

「個人」の力がどれだけ大きな力に変化していくか。まちライブラリーは、いまや一二〇ヶ所を超えて広がり、組織がなければ、お金がなければ何もできないと考えていた私自身が驚いているくらいです。いや、むしろ、お金も組織もないほうが、個人の思いだけで歩ける。その思いをみなさんと共有したくて始めた活動が「マイクロ・ライブラリーサミット」であり、『マイクロ・ライブラリー図鑑』の発行でした。

終章は、この本を通じて私が申し上げたい視点です。ここをご理解いただくと、案外すんなりとまちライブラリーが始められ、またさらにやるのが楽しくなると思います。

ちょっと概念的になっているかもしれませんが、こんな見方もあるのかとさらっと読むもよし、深く考えて反論していただくもよし、お好きなように読み解いてください。

以上、まちライブラリー誕生の背景からその事例、そしてこの活動で私がみなさんと共有したいことを、つらつら書きました。どこの章から読んでいただいてもかまいません。

まだ始めて三年と少ししか経たないまちライブラリーですが、多くの気づきを私は得ました。そして、仲間の応援も得て、まちライブラリーがグッドデザイン賞に選ばれ、ライブラリー・オブ・ザ・イヤー二〇一三の優秀賞にもなり、各方面から取り組みをご評価いただけるようになりました。ありがたいことです。

ただ、すべてのまちライブラリーは、始める人や場所に一つ一つ違いがあります。それぞれが、個別のやり方や思いで始められています。小さなものもあれば、大きなものもあります。それぞれが、独自色を出しながら、全国各地に広がってきたのです。

まちライブラリーは、何が楽しいのか、どうして仲間が増えているのか。誰かのお役に立ちたいと、おせっかいを始める中で出会いを楽しみたいというのが、今の私の気持ちです。

まちライブラリー誕生の背景、出会った人、各地のまちライブラリーの様子を読者のみなさんとゆっくり振り返りながら、探訪してみましょう。

目次

第2章 「まちライブラリー」の誕生　29

第3章 広がる「まちライブラリー」

第4章 蔵書ゼロ冊からの図書館、誕生！

――まちライブラリー@大阪府立大学

第5章　個人の力が突き抜けたマイクロ・ライブラリー　123

終章

まちライブラリーの「哲学」——ここから何が生まれつつあるのか？

第1章

図書館でも本屋でもない「本×人の世界」

1　地下室から生まれた私塾「アーク都市塾」

まちライブラリーまでの道のりを思い起こすと、始まりは一九八七年、私が二九歳の時でした。

私は、六本木再開発事業（現・六本木ヒルズ）の現場で地元の権利者の方々と交渉する仕事をしていたのですが、ある日役員に呼ばれ、森泰吉郎社長の指名なので、今の仕事を離れて、社長が発意した教育事業に従事するようにと言われました。

青天の霹靂とはこのことで、再開発事業は一度携わると一〇年や一五年は同じ部門を担当するのが当たり前の息の長い仕事と言われていますから、まさか担当して一年そこそこでその仕事から離れるとは思ってもいませんでした。

森さんは、大学の教授をしながら五四歳で森ビルを起業したという経歴を持っていました。教育者としての時期が長かったので、森ビルでも新人を一年間社員寮で生活させ、社長講話があると全社員に感想文を書かせるなど、人を育てることには特に熱心で、志の高い事業家でした。

人を見る目は厳しかったので、声がかかった時は、正直なところ、うれしさよりも期待に応えられるかどうかという不安な気持ちのほうが強かったのを、今でもよく覚えています。

しかも、他に一緒に配属される者がおらず、一人ぼっちのスタートでした。辞令はひと月ほど先の着任だったのですが、「明日からやれ」と私に指示が飛び、仲間には黙って早々に新しい仕事に着手しました。

教育事業とは、当時まだできて一年もたっていない複合施設アークヒルズの地下室を利用して、新しいタイプの学校をつくることでした。

どういうタイプの学校をつくるのがいいのか、当時東京大学教授だった伊藤滋さん（現同大学名誉教授、早稲田大学特命教授）や、東京大学教授の石井威望さん（現同大学名誉教授）、文化服装学院学院長の小池千枝さん（故人）、名古屋大学助教授だった月尾嘉男さん（現・東京大学名誉教授）との勉強会が毎月二回ほど開かれ、私はその事務局を担当しました。

議論の主たるテーマは、文系や理系の枠組みを超えた学びの場をつくろうというものでした。日本の高等教育は、明治以降、専門分野に分かれて体系がつくられていましたが、一〇〇年を経て、それだけでは十分対応しきれなくなってきていました。たとえば、都市の問題は、日本では都市工学に位置づけられ、技術エンジニアリングの一部門で教えるので、きわめて画一的な都市のつくりかたにしかならない。しかし、アメリカでは技術に加え、デザインや感性、歴史や人間観といった総合力が求められているといった意見が交わされていました。

また、当時注目され始めていたコンピューターサイエンスや、通信技術への対応も必要であり、まちづくりにおいては、デザインやファッションやアートを理解し、表現する力もなくてはならないといった議論が行われました。

森さんには、本当は「都市の大学」を新設して、文系や理系の枠組みを超えた人材育成をしたいという思いがありました。しかし、当時は大学設置基準が非常に厳しく、認可に何年も待たされることが予想されました。そこで、臨時教育審議会（当時）の第二部会長（生涯教育担当）で、社会人教育の重要性を認識されていた石井威望さんの提案で、社会人教育機関を立ち上げることになりました。

そして、まずは試しに「実験的アーク塾」を開催することとなり、一九八七年十月から半年にわたり、約二〇坪のスペースを使って七回シリーズの講座を実施しました。

その結果を見て最終的に森さんが決断したのは、授業期間を半年とし、定員二〇〇名、授業料三〇万円、夜間制の私塾でした。

勉強会に参加した伊藤さん、石井さん、小池さん、月尾さんも、それぞれの専門の分野で半年間の講座を受け持ちます。アークヒルズの地下四階に、約一二〇坪もの教室が準備され、一九八八年九月、「アーク都市塾」がスタートすることになりました。

森さんには、教育を本格的に事業として運営していこうという強い意志がありました。私は当初、軽い気持ちでメセナとしてやればいいのかと思っていたので、とても驚きました。

アークヒルズ地下４階で始まった「アーク都市塾」

森さんは、塾長として自らアーク都市塾をひっぱり、まさにその言葉通り、すべての授業を一番前の席に座って聴講するという、大変熱心な塾生でもありました。

２　濃密な人間関係が社会を動かす
――日本初、大学院サテライト

かくしてアーク都市塾がスタートすると、二〇〇名という定員の塾生を、半年に一回、年に二回も集めることが私の大きな仕事になりました。

これはけっこうつらい仕事です。授業料が三〇万円ですし、初期はよかったのですが、だんだん人数が減ってきます。

人数が減ってきたらそれなりの予算でや

らなければなりません。日々、収入を得ることと出て行くお金を管理することに追われ、若いころから経営を勉強させられることになりました。

この時期は、私にとって学んだことが多くありました。

立ち上げ時期は、私もまだ多少の余裕があり、実験的アーク塾の参加者やアーク都市塾一期生とは、授業が終わると一緒に飲みに行きました。私にとって初めての学校運営ですが、塾生だってアフターファイブに学校に通うなんて思ってもみなかったようです。そんな似たような境遇を持つ者が互いに共感し合ったのだと思います。OB会ができるとその集まりにも呼ばれました。

また、アーク都市塾の講師陣とは、カリキュラムについてよく議論しました。当時は、社会人教育の黎明期であり、塾のあり方について意見を聞くため講師陣のもとに足繁く通いましたが、いつも快くアドバイスをくださいました。講師陣、塾生の方々までもが、我がことのように気にかけてご意見をくださり、育ててやろうと力をくださったのです。

立場を超え、みんなが一緒になって良いものにしていこうという高揚感に包まれ、それに私も突き動かされました。こうした濃密な人間関係によって、一つのプロジェクトが立ち上がっていくのだと実感し、成長のプロセスを体験できたことは、私にとって大変大きな糧になりました。

一九九二年の冬に森さんが体調を崩され、翌年一月に亡くなりました。アーク都市塾は森さんの私的な学校であるとの意識が強く、廃止に傾いていたのですが、私はなんとか森さんの志を継ぎたいと思い、継続することを提案しました。

紆余曲折を経てその提案が通り、塾長を伊藤滋さんにお願いしました。

しかし、教室の一角に座していた森さんを失ったことで、アーク都市塾への愛情と、最後まで人の育成を願う気持ちが見えにくくなってしまったのでしょう。アーク都市塾に対する求心力が、社内外のどちらからも低下していくのがわかりました。

折しも、森ビルの二代目社長であった森稔さんから、そろそろ六本木ヒルズに向けて文化事業として成立するのかしないのか、思い切った方向性を出せという指示がありました。

そこで、伊藤さんや石井さんと相談し、お二人が東京大学から移られた慶應義塾大学の湘南藤沢キャンパスのサテライト教室をアークヒルズにつくり、アーク都市塾と連動させることになりました。大学との連携を通してアーク都市塾の事業の拡大を図り、存在感と信頼感を得ていこうと考えたわけです。

こうして、地下四階からアークヒルズの三六階に拠点を移し、約四五〇坪の大きな会場を得て、アーク都市塾と慶應義塾大学ビジネススクールや湘南藤沢キャンパスの大学院の授業や研究会などが併存して活動する「アーク・アカデミーヒルズ」が誕生しました。

当時、東京都の担当者からは、サテライトキャンパスとはどういうことか、とお叱りともとれる電話をもらいました。大学院の新・増設を許可した覚えはない、アークヒルズでの設置も認めておらず（首都圏、関西圏等における工場等立地制限法）、ましてやビルの中でやっていいはずはない（大学設置基準においては土地・建物を所有することになっていた）が、どういうことだというのです。早々に慶應義塾大学に引き継ぎ、事なきを得ました。

今でこそ大学が都心のビルを借りて社会人教育や大学院の授業をするのは当たり前ですが、そのきっかけとなったのが、この慶應義塾大学との先駆的な取り組みだったと思います。森さんの亡き後、アーク都市塾をなんとか継続させようと、伊藤さん、石井さんらと一緒になって知恵を絞った取り組みが、社会に一石を投じる大きな動きに発展したのだと実感しました。

3 「天空の図書館」誕生

アカデミーヒルズは、いよいよ六本木ヒルズへの移転準備に入りました。

一番大きな課題は、事業性です。六本木アカデミーヒルズの規模は、スペースにおいてはアークヒルズの三倍、投資額もこれまでとは全く比べ物にならないほどかかります。そんなところでどうやって文化事業をやっていくのか。

アーク・アカデミーヒルズには、教育活動を支える二つの事業の柱がありました。

一つは、アーク都市塾で使う教室を、大学にはサテライトキャンパスとして、企業にはカンファレンスやミーティングスペースとして貸し出す事業です。

もう一つは、インターネット事業です。当時、インターネットが急速に普及する予兆が見えたものの、インフラはまだ不足していました。アカデミーヒルズでは、慶應義塾大学のサテライトキャンパス開設に合わせて高速のインターネット回線を整備することを考えていたので、これを活用して一〇〇棟ほどある森ビルのビル群にインターネット網を張り巡らし、テナントの方々に低価格で提供するという新たなサービスを考えました。

インターネット事業は順調に成長していきました。ITブームの到来もあって、会社はこの事業をもっと拡大したいと思ったのでしょう。インターネット事業専属の部隊ができ、アカデミーヒルズは担当から外されてしまいました。教育事業を支える柱として立ち上げたのですが、六本木アカデミーヒルズではあてにすることができなくなってしまったわけです。

そして、大学との連携においても、教室使用料として大学から得られる収入に限界が見えてきて、事業の柱にはなり得ないことがわかってきました。

そこで、六本木アカデミーヒルズでは、アーク都市塾が使用している教室を貸すのではなく、国際的なカンファレンス会場をつくって事業化し、逆に教育事業が空いている部屋を使う方式に切り替えることにしました。エンターテインメント企業による映画のプロモーションや大型イベント、グローバル企業による国際会議、ファッションブランドや宝飾、化粧品企業などによる新商品・新サービスの発表や、顧客を招いたパーティーなどに使ってもらうことを考えました。

しかし、カンファレンス事業は、教育活動とあまりにも乖離していたので、この間を埋めることができる、文化的で社会性があり、かつ収益性も高い事業はないのだろうかと思っていました。同時に、会員制という形態で何か事業が起こせないかという気持ちもありました。

アーク都市塾は、半年ごとに二〇〇人の塾生を入れ替えていかなければなりません。塾生を送り出す時期と次の募集活動が重なって息つく暇もなく、カリキュラムの充実や塾生と触れ合うことに十分な時間を割けずにいました。

会員制であれば継続的に安定した収入が得られますし、時間に追われずに事業に向き合うことができるのではないかと思いました。ただ、何を目的にした会員事業にしたらいいか、ピンとくるものがありませんでした。

教育カリキュラムで会員制となると家元制度のようなもので、社会人教育の我々には不向きですし、カンファレンススペースを会員が利用するとは考えにくいし。

その後どういう経緯で「ライブラリー」という言葉が出てきたのか……。残念ながら記憶がとても曖昧で、気がついたら、「ライブラリーをやろう！」と、事業化に向けてまっしぐらに突き進んでいました。

ニューヨークにライブラリーホテルがあるということを教えられて、実際に泊まりに行きました。受付が図書館のレファレンスカウンターのようになっていて、キーボックスには書誌カードの引き出しが使われていました。フロアごとに文学や科学など、テーマが決まっています。たとえば、科学のフロアでは、部屋ごとに宇宙、物理など、集まっている本も違います。本に囲まれた空間というのは何ともリラックスすることができ、しゃれた本棚や棚に置かれた写真集やカタログなどの洋書や小物までのさまざまなアイテムが、工夫次第でステキなインテリアとして用いられていました。

また、ニューヨーク市立図書館の分館であるビジネス・ライブラリーも見ました。起業をサポートするという目的を明確に打ち出して、ビジネス書を中心に蔵書を集め、レファレンスや教育活動、インターネットサービスなどが充実していました。

日本にも図書館について詳しく調べている人がいると聞き、菅谷明子さんにもお目にかかり、直接話を伺いました。菅谷さんは後に『未来をつくる図書館―ニューヨークからの報告―』(岩波新書)をお書きになり、ちょうど六本木アカデミーヒルズが開業したころに出版されました。

こうして調査を進める中で、私は、図書館が書籍の収集や保存、貸出といった活動から、いかに本を利用してもらうかといったことにも関心を広げ、その主役も本から利用者、つまり人へと移っていると感じました。

ライブラリーは、長年やってきた社会人教育と親和性がある。教育事業とカンファレンス事業をつなぐ活動として、知識と人材の交流の場として、ライブラリーは理想的な活動だと思いました。そして、会員制のライブラリーであれば収益の柱として育てていけるに違いないと、不退転の気持ちで事業化に向け大きく舵を切りました。スクール、カンファレンス、ライブラリーという三つの異なる機能を併せ持つことによって、より刺激的な場にしていこうと考えました。

4 本×人の世界

私は、本があるところが好きで公共図書館にも行きますが、通い詰めるまでには至りません。居心地のいいすてきな空間がきわめて少ない。

本もたくさんあり丁寧に分類されているけれど、背表紙ばかり見せられても、ピンとくる本には出合うことができない。たとえば、マーケティングやインターネットなどの最近の動向を知りたくてどんな本が出版されているのか、それらを一覧して見比べることには図書館は向いていないと思いました。自習室も狭い上に混雑していて、当時は、パソコンを利用する環境が整っていないところがほとんどでした。

一方、巨大な本屋もたくさんでき始め、おもしろい本はないかと勇んで出掛けるのですが、当時は新刊を目立つところに並べただけの書店が多く、専門書や新書、文庫などで書店独自に推薦本を並べたコーナーなどはないので、本を見て歩くうちに疲れ果てて、関心も購入意欲も失ってしまいます。

そういう意味では、私は本がある空間に対して、無目的に行って思いがけない出合いがある、ワクワク感を期待していたのだと思います。

折しも、「サードプレイス」という言葉が使われ始め、オフィスでもなければ自宅でもない、生活の場におけるそれらの中間領域として、特にカフェに注目が集まっていました。

そうだ、自分にとって居心地が良い場所をつくろう。

六本木アカデミーヒルズを「自分の書斎」というコンセプトでつくることにしました。まずは、自分自身がリラックスでき、かつ、刺激も得られるところだと。本を読むことだけが目的でなく、仕事や勉強の場としても活用し、打ち合わせもできる。お茶を飲みながら本を読み、時にはビールやワインを片手に談笑もできる贅沢な空間をめざしました。

そして、「ここに来れば東京の『いま』が感じられる」といったテーマで選書をすることにしました。東京の森羅万象を、技術、デザイン、科学、政治などなど、並んでいる本の表紙を見るだけで感じられるような場所にしたのです。公共図書館のように何万冊、何十万冊とは収蔵できないので、新刊本を集め、時間をかけて図書館をつくっていくことにしました。

コンセプトが決まれば、あとは空間デザインやサービスメニューに具体的に落とし込みます。森タワーは楕円形をしているので、窓に面して会議室やカンファレンスルームを配置し、内側に本棚で回廊をつくり、本に囲まれた空間を演出することにしました。カンファレンス事業や教育事業との共存ができるよう、建築家の隈研吾さんが素晴らしいデザインを提案してくださいました。東京湾を展望できる一番いい場所に二層吹き抜けのカフェをつくり、アルコールも出すことにしました。

会員は二種類、「コミュニティメンバー」と「オフィスメンバー」と名付けました。コミュニティメンバーは、会費を一ヶ月六千円（当時、消費税別）とし、朝七時から深夜二四時まで利用することができます。オフィスメンバーは、メンバーだけが立ち入ることができる専用のライブラリー・スペースを二四時間利用することができ、会費は一ヶ月六万円（当時、消費税別）としました。

ちなみに、「ライブラリー」と呼ぶことにしたのも、「図書館」では公共図書館や大学図書館のイメージが強いため、既存の枠組みにとらわれない新しさとわかりやすさを考えてのことで

「自分の書斎」をコンセプトとした「六本木アカデミーヒルズ」

す。

実は、私の中に、既存の枠組みの中ではタブーと言われていることをあえて加味すると新たな価値観を生み出すことがある、そんな発想が定着していました。

アーク都市塾では、大学ではなく、いま求められている新しいタイプの教育機関を目指して、文系でも理系でもない、それらが融合したカリキュラムに取り組んできました。六本木アカデミーヒルズでは、図書館という静謐で知識をためていく宝庫に、あえて人の息づかいが感じられて、未来を予見できるショーケースの機能を加味した新しいタイプのものを目指しました。

現在も、東京、大阪、それ以外の地域を行き来することによって、その地域の中だけで生活している人たちには気づかないものが見えてくるような気がしており、そうしたところにアイデアが潜んでいるように思っています。

本屋でもない、図書館でもない、「人」が主役の新しいライブラリーがここから誕生したのです。

第2章

「まちライブラリー」の誕生

1　事業化に邁進した五年間

六本木アカデミーヒルズがスタートして間もなく、私は、いかに収益性を上げるかという難題に追われることになります。

アカデミーヒルズは、美術館、展望台、六本木ヒルズクラブと並び、アーツセンターの一角をなす施設として、森タワーの四九階に進出しました。

会員制ライブラリー事業は堅調に伸びていたものの、収益の柱にするのには数年かかるだろうと考えていました。「アーク都市塾」という教育活動を核にして、いずれ、カンファレンス事業と会員制ライブラリー事業の三つを一体的に機能させていこうとしていました。

けれども、短期間での黒字化を目指せという社命が下ったのです。

文化的活動といえども、森ビルという私企業が運営しているのですから、事業性が重視されるのは当然の成り行きといえるでしょう。そうして収益性の高い事業に関心が集まり、アカデミーヒルズの主役はカンファレンス事業に移っていきました。

私自身もカンファレンス事業には更なる高収益化を望み、ハッパを掛けました。四九階に加えて四〇階も貸しスペースとして運用し、収入の柱を増やす努力をしました。

こうなると収入が少ない事業や、費用や手間のかかる仕事をする担当者らは肩身の狭い気持ちになっていきます。どうやって収入を上げるか、費用をどう減らすかにみんなが躍起になって取り組みました。

教育事業においても、入会手続きを簡単にし、幅広いお客様のニーズに応じようとカルチャースクールのような短期講座などを開設し、受講料収入を増やすことが提案されました。アーク都市塾以外の講座を開設すれば運営にも人手がかかるため、派遣スタッフを採用し、イベント運営の専門会社に業務の一部を委託するなど、費用の縮減と作業の効率化にも取り組みました。

もちろん、アカデミーヒルズ全体として、社員は事業の企画や収益計算等の管理本部を担当し、カンファレンス、ライブラリーの運営においても業務のシステム化と、派遣スタッフの採用や専門職スタッフへの委託といった業務の効率化が進んでいきました。

アカデミーヒルズは、九千平方メートルを、総勢一〇〇名近いスタッフで運営するという大規模な事業へと、瞬く間に発展しました。高い収益性を実現し、いかに継続的に維持していくかということが経営の最優先課題として与えられ、私はがむしゃらにそれに邁進しました。

そんなとき、私は人事異動によって六本木アカデミーヒルズを離れることになります。二〇〇五年、開業から二年後のことでした。

組織の常とはいえ、一八年間も担当してきた仕事を離れなければならないのは、自分が育ててきた子どもをいきなり他人にとられたような気分であり、非常に寂しく思いました。

しょせん組織でやっていることなのだから、自分のものになるはずがないじゃないかと、しばらく自分に言い聞かせる毎日でした。異動先の部署でまた心血を注げるものを見つけようと、過去を振り切る思いで新しい仕事に打ち込むようにしました。

アカデミーヒルズを離れて二年後、森泰吉郎さんの志であったアーク都市塾がなくなってしまいます。

自分のやりたいことは、仕事以外の自分自身のライフワークの中で見つけるしかないのかと悶々としながら、一方で、新しく担当した広報部や新規事業部でも、早く組織の期待に応えて成果を出したい、私がやらなければ誰がやるのだと、ますます必死になってもがいていました。

そうして無理がたたったのでしょう。二〇一〇年、私は、しばらく休職することになってしまいました。自分が築いてきたものがすべて失われて、目標を失った日々を過ごすことになるのです。

2　失意の中で出会った、二六歳の私の師匠

ある日ふとメールを見ると、限界集落を歩き回った若者が話をするという案内がきていました。その会には一年半ほど参加していなかったのですが、今までと違うテーマなのでぜひ聞い

てみようと思いました。

そのときに出会ったのが、当時二六歳の友廣裕一さんです。

二〇一〇年十月、一四～一五人が参加した勉強会でした。友廣さんが、大学時代に訪れた新潟の限界集落、ヤップ島での生活、そのあと日本に帰ってきて富山県を皮切りに沖縄から北海道まで全国八〇にも上る限界集落を半年かけて渡り歩いた経験を話してくれました。

ヤップ島では石のお金があって、そのお金には、家族が結婚したときに豚何頭と交換したなどの家族の物語と歴史が刻み込まれていること。子どもたちは「じゃあまた明日」とだけ言って別れますが、翌日は自然と集まってきて、一日中ただただ海に飛び込んで遊ぶという島の人々の様子を、訥々と話していました。

友廣さんは、それまでお金はあればあるほどいい、スピードは速ければ速いほどいいと考えていたけれども、ヤップ島での経験を通して、お金がなくても、時間を急がなくても楽しく生活している人がたくさんいることに気づいたそうです。つまり右肩上がりだけを「是」とする社会の価値観以外にも生き方があることを体感したのです。

新潟の限界集落に行ったとき、「ウサギはカレーがいいんだよね」と言われ、はじめは意味がよくわからなかったのですが、ウサギの肉はカレーに合うということだったそうです。東京や大阪の都会で生活している人たちとはかけ離れた自然とのやりとりがあることを知って、友廣さんは、他の若者とは全く違う人生を歩み出したのです。

この時の質疑応答で、会場から「ところで、あなたはこれをやって何の意味があるのですか」と聞かれたときに、彼がそれに答えるすべなくずっと黙り込み、しばらくして「特にないのです」とボソと答えていました。

友廣さんは、自分にとって意味があるかどうかで活動していないことに、私は気がつきました。彼は目の前の人だけを大切にして、その人の紹介で次のところに行く。紹介されたところでお世話になって、農業や漁業、林業を手伝って、また次の村に行く。出会った人の助けになりたい、そこに自らの存在価値があるのだと、ただそれだけを胸に半年間続けてきたのでした。すごい人間力だと思いました。それだけ多くの人の信頼を得られることに、感動しました。

さらに、彼は旅の途中で次に行くところを決して検索せず、自分の目の前にいる方の縁を辿り、つなげていくことだけに力を注いでいるのです。

彼の生き方は、私と対極でした。私がそれまでの三〇年近いサラリーマン生活で考えていたことは、名刺交換をすれば、その人本人ではなく自分のやっている事業にとってプラスなのかマイナスなのか、我々の会社にとって有益な情報をもたらしてくれる人なのかどうかだったのです。そして、少しでも自分の立ち位置をよくするために、社内でも社外でも自分の思っていることを端的に相手に理解させようとしてきました。

友廣裕一さん

それに対して友廣さんの生き方は、自分を出すのではなく、相手を値踏みするのでもなく、相手をどう生かしていくのか、どうやってその人を助けていければいいのかだけに専念していました。この生き方はどこから生まれるのだろうと思いました。同時に、自分が今まで陥ってきた人とのぶつかり合いや、組織の壁を考えました。

自分が何かを成し遂げなければならない気持ちの強さゆえに、衝突が生まれてきたのではないか。自分としては大事なことだと思っていても、他人には違う価値観がある、別の方向性があることを、頭ではわかっていたつもりが、理解しきれていませんでした。

この人は私の長年たまった毒素を取り除

いてくれる先生になると思い、彼を師匠と呼ぶことにしました。

セミナーのあと、彼と居酒屋で、街角ごとに小さなライブラリーをつくって、そこでお互いに教え合う、学び合うような小さな会をつくるまちライブラリーとまち塾をやりたいのだと話をしたら、それはおもしろいですね、ぜひやりましょうと言ってくれました。まさに私にとって、初めて話を聞いてくれる人に出会えたという気持ちでした。

そして、彼と一緒に半年間、鞄持ちのように彼が行くところ行くところ日本各地を歩き回って、彼が出会っている人、そこにいる人たちの考え方などに触れて、その中でまちライブラリーやまち塾の構想を少しずつ固めていきました。

特に勇気づけられたのが、高知の桂浜で開かれた、若者が集まっている「高知にかぁらん」というフォーラムに参加したときでした。

高知市内もほとんど見ないで桂浜のホテルに行って、五〇人もの人が、三日間、いろいろな体験をし、夢を語り、議論します。その間に野生児みたいな若者と自然薯を探しに行き、夜は夜で可杯《べくはい》で飲み明かし、今思い出しても、本当に楽しいフォーラムでした。

明確な目標や結論が出てくるわけではありません。しかし、寝食をともにして語り合うことでどんどん素の自分に帰っていく、若い人とも構えずに素直に自分の夢を語り合える雰囲気ができました。

一人ずつ夢を語る段になり、当時五二歳だった私が、自分はまちライブラリーをやるのが夢だと言ったら、多くの人が目を輝かせて、おもしろいですねと受け止めてくれました。

家族や昔の仲間に自分の夢を語っても、たいていは本音でおもしろいと思ってくれる人はいなくて、その事業をしてもお金にならないし、意味があるのかと言っているような目が返ってきていましたし、実際に言葉にする人もいました。そういう体験をしていた自分としては、初めて勇気を与えられ、背中を押してくれる本当の仲間を得ることができたと思いました。

もう一つ、友廣さんから得たことは、あらかじめ全体像を構想してそれを目指すというやり方は、決して得策ではないということです。彼の生き方は、むしろ目の前の人といろいろなやりとりをしていく中で何かが生まれ、それによってまた次の何かが生まれるという、小さく一つ一つ駒を積み上げていくものでした。しかも決して無理をしないのです。

友廣さんと出会うまで、私の構想は、スターバックスやマクドナルドみたいなサードプレイスをチェーン展開し、会員制にして会費を取って収益を上げて、全国津々浦々に展開していけないだろうかというものでした。企画書を何遍も作り替え、事業のミッションやブランドをどうしよう、ロゴも考えなくてはといったことばかりに気を取られていました。事業性を考えたら投資額が膨大にかかる、お金もない、組織もない私がどうやってできるのか、これは到底無理だと行き詰まり、仕事に忙殺されることをいいことに、計画はお蔵入りしていました。お金がなければ、組織がなければ何もできない、そういう発想をしてきたことに気づかされたのです。私が本当にやりたいことは何なのか。友廣さんに出会わなければ、自分自身に気づきませんでした。

私は、人と触れ合って、いろいろなことを学び合う機会を持ちたかった。それには、場所がなくてもいい、本を購入しなくてもみんなで持ち寄ったらいい、資金の問題じゃないことに気づいたのです。

仕事が順風満帆であれば、自分自身が本当にやりたいことに気づきもしませんでした。一人になって、何もないところからのスタートだったからこそ、新しい出会いや意見に耳を傾けることができたのだと思います。

そういう意味で、彼は私にとって、神仏がくださった師匠なのです。もし友廣さんと出会わなかったら、私の人生の再出発はなかったと感じています。

3 問題はタコつぼではなく、タコだった!?

友廣さんと出会ってしばらくして、彼が紹介してくれた人に、早稲田大学の友成真一教授がいます。友成さんは友廣さんの大学のときの師匠でもあるので、私から見れば師匠の師匠に出会ったような感じです。

友成さんは旧通産省に入省して官僚として長く国策を左右するような仕事をされてから早稲田大学の教授に転身し、「自分経営ゼミ」をやっておられます。

「自分経営」とは自分をマネジメントしようというもので、ゼミ生が各々夢を語り、その夢をみんなで応援し合うというユニークなゼミです。夢を聞いた人は「ＹｏｕＭＥシート」（ゆめシート）と呼ばれるカードに応援メッセージを書き、夢を語った本人に渡して励まそうというわけです。

「ＹｏｕＭＥシート」は、「Ｙｏｕ」（あなた）と「ＭＥ」（わたし）できっちりメッセージを受け取ることが大事だということで名づけられました。大切なのは、夢を聞いた人は、相手の立場に立ち、相手が一歩前に進むことができるようなメッセージを書くことであり、聞き手が自分の立場や価値観だけで否定的な意見を書いてしまうことを戒めています。

友成さんの著書に、『問題は「タコつぼ」ではなく「タコ」だった⁉』があります。友成さんは、組織や会社、国など、社会にあるさまざまな枠組みのことを「タコつぼ」、その中にいる一人一人の人間を「素ダコ」と呼びます。

ついつい私たちは「タコつぼ」に目がいってしまい、組織や会社や社会や国が、かくあればいい、また、もっと大きな器をつくればより利益があがる、幸福になるなど、タコつぼをどうしたらいいかを議論しがちです。しかし、問題は中の「素ダコ」ではないか、というのが友成さんの考えです。器が変われば幸福になるというのは、そもそも問題設定が間違っている。全体の問題と個人の問題は同一のテーブルでは議論できない。幸福は個人の問題であり、個人が生き生きと生活できることが大切ではないか。問題を解決していくためには、ミクロの問題を突き詰めていかなければならない。

これが友成さんの発想でした。

私はこの本を読み、胸のつかえがストンと落ちて、まさに膝を打つ思いでした。アーク都市塾からアカデミーヒルズへと成長させる過程で、私は、事業化を優先するあまり、いつの間にか自身がやりたいと思っていた教育活動をないがしろにしていたことに気づきました。教育活動を続けるための手段であった事業化が、いつのまにか目的にすり替わってしまったわけです。学校が大きくなり予算が増え、また、大学と連携すれば当然事業も安定するでしょうが、それで参加者が思い描いていた教育を受けることができるかどうかは別の話です。当時の私は、器をいじれば参加者の満足度も上がると、単純に思い込んでいました。

さらに、私は、自分自身が何をやりたいのか、ということにも気づかされました。やりたかったのは「教育」でなく「学び」だと。

「教育」と言ってしまうと人材育成に目標や目的を求めてしまいがちです。でも、それでは「教

友成真一さん（撮影：吉川忠行）

育」とはこうあるべきだといった、教える側の視点で形にとらわれてしまう。

ミクロな視点に立ち返ると、個人の問題であり、その人に気づきがあればいいいんじゃないかと思うようになりました。だから「学び」なんだと。

「学び」は一人一人違っている、その人がどう気づくかということを考えていこう。「学びあい」とは、お互いの気づきあいであり、新しい一歩を踏み出すための知識や感性を受け渡していく作業ではないか、という思いにたどり着きました。

4　ミクロの視点でスタートした「まち塾@まちライブラリー」

友廣さんと友成さんとともに「まち塾@まちライブラリー実行委員会」を結成し、本格的にまちライブラリーのスタートに向けて検討を始めました。

「まち塾@まちライブラリー」という名称は、ソフトとハードの両方が必要なんだという思いからつけました。

「まち塾」とは学びあう機会、触発される仕組みのことです。「まちライブラリー」とは学びあう場所という意味です。最近では、単に「まちライブラリー」という呼称に収斂してきて、「学びあい」のソフトとハードの両方がこれに内包されるようになりました。

どのような学びあいのスタイルにするか。

従来のような、権威のある人や成功した人たちから話を聞き知識を得るといったものとは異なり、自分の考えていることや感じていることを発表し、また相手のことも聞きながら相互の理解を深めていく中で何かを学びあっていくようなことができないかと思いました。いつも教壇に立っている人も教わることから得るものもあるはずで、互いに対等でフラットな関係をつくりたいと思ったのです。

ワークショップなどで活発な議論ができるよう、会の途中で参加者の緊張をほぐすための簡単なるゲームやクイズをやることがあります。こうしたアイスブレイクでは、自己紹介をしたり名刺交換をする場合が多いのですが、学生や主婦やリタイアした人など名刺を持たない方も多いますし、一方で、会社や肩書がわかってしまうとどうしても発言の順番が決まってしまい、立場のある人に意見を求めがちになってしまいます。肩書や立場などが関係ない学びあいのスタイルはないだろうかと模索していたとき、みんなで本を持ち寄ってそれについて紹介し合えば、自分自身の話をしないでいいことに気づきました。

本の話をするのであれば、どこが良かったのか、何に共感したのかを説明するときに、自分の興味や関心事にも触れることになります。オープンマインドにならざるを得ず、かつ組織や肩書の話にはならないというメリットがあります。

しかも、本であれば、漫画であろうと雑誌であろうと単行本であろうと、どんな人でも手元に一冊ぐらいは持っていますし、紹介するときに持ち運びもしやすい。本を介することで、お互いを素の人間として受け入れ、フラットな気持ちで学びあうことができます。

また、互いに学びあうわけですから、相手の話を聞くことも大切にしてほしい。自分が話をしている時に聞いてもらっているという手応えがあれば後押しされた気持ちになります。そこで、友成さんが考案された「ＹｏｕＭＥシート」を、まちライブラリー用にアレンジしました。

こうして、「まち塾＠まちライブラリー」は、個人個人の視点を引き出していくためにつくられた、新しいタイプの学びあいの場としてスタートしたのです。

「森羅万象是皆師也」という言葉があります。この世にあるすべてのものは師匠となり得るのだということを、まちライブラリーの精神にしたいと思います。

私は、自分の子どもぐらいの二六歳の若者だった友廣さんから、自分の人生が大きく変わる刺激を受けました。こういうことは、きっとどなたにも起こりえるはずです。

逆にいくつになっても若々しく前向きに生きている高齢者の方に出会うと、老け込んでいる場合ではない、もっと頑張らなくてはと思うこともあります。このように、身近な人から「学びあう」と自らの行動につながりやすいのです。

世代や性別を超えて、長く続けられる学び合いの関係をつくろう。深いつきあいができる学びあいの縁、「学縁《がくえん》」が、まちライブラリーの目指すところです。

5　故郷・大阪に立ち上げた私のライブラリー「ISライブラリー」

私の出身地は大阪市中央区の谷町、いわゆる相撲で言う「タニマチ」発祥の地です。そこにかつて繊維業を営んでいた父が仕事場として建てた小さなビルがあり、貸ビルにしていたのですが、築年数も古く空室も目立つようになっていました。

ビルの一室を活用した「ＩＳライブラリー」

そこで、二〇〇八年、私は、テナントの人が自由に使える部屋があればビルの魅力にもなるのではないかと思い、一室に自分が持っていた一五〇〇冊ほどの本を運び入れ、本棚に並べて、「ISライブラリー」なる部屋をつくりました。ビルのテナントさんはもとより、近所の人も申し込みをすれば会議やイベント、寄り合いに使える場所です（ISは、ビルの名前が「ISOI」をもじって「ISビル」であることから）。

ふだん私は東京にいるので、その場所を頻繁に使うことはなかったのですが、友廣さんと出会い、自分でもライブラリーを本格的に主宰してみようと決心し、このISライブラリーでもまち塾をやっていこうと企画しました。

二〇一〇年十一月、友廣さんの話を大阪の人とも共有したいと思い、彼を大阪に招いて話をしてもらうことにしました。そして、翌年三月には、大阪で「住み開き」という活動をしていたアサダワタルさんにも話をしてもらいました。「住み開き」は、私が実際にライブラリーを開設する際に、とても参考にした活動です。

ライブラリーをつくるには、本棚を置く場所が必要です。かつて、私は、自分で部屋を借りたり、誰かにつくってもらったりすることを考えていました。当然、お金の問題がネックとなり、ライブラリーがなかなか始められずにいました。

ところが、自分が住んだり働いたりしている場所の一部を、一時的に公開し、あるときは古本屋に、またあるときは博物館のようにしてみたり、音楽イベントに使ったり、学びの場にしたりと、プライベートなスペースを時にパブリックに使う「住み開き」という活動をするグループがいたのです。

すべてを自分で調達しなくとも、持っている人から一時的に借りればいい、逆に、自分が持っているものは供出しよう、といった割り切りが出てきました。

アサダワタルさんの話を聞きながら、私も、徐々にまちライブラリーの構想を固めていくことになりました。

6　病院からスカイプで参加した最初の「まち塾」

二〇一一年四月、まち塾@まちライブラリーの第一回のイベントを、六本木ヒルズ森タワー、オフィス棟の空き室でやることになりました。第一回は友成さんから『問題は「タコつぼ」ではなく「タコ」だった!?』の話をしてもらう予定で、準備をしていました。

イベントの五日前のことです。会社で胸が痛かったので、早退して家に帰ったら急に呼吸困難に陥って病院に搬送され、そのまま入院することになってしまいました。第一回の集まりに、呼びかけ人の私が参加できなくなってしまったわけです。

すでに参加予定者が八〇名ほどもいたので、中止せず開催することにしました。私としては大変申し訳ない気持ちでいっぱいになり、ビデオメッセージで挨拶をさせてもらいました。

まち塾の第一回は、友成さんや友廣さん、ボランティアスタッフの方々によってスタートを切ることができ、人に頼らなければできないことを私自身学ぶことのできた、本当に記念すべきイベントになりました。自分が企画し、自分で仕切り、自らスタートを切るのが筋だと思っていたのですが、自分一人で何かができるわけではなく、常に誰かのお世話になりながら、誰かに頼って前に進んでいるんだということをしみじみと実感した日でした。

まちライブラリーは、自分で一歩を踏み出したら、自分だけではなく、誰かの力を信じて、その人に夢を託していく活動です。自分自身で一歩踏み出したら、それを回りのメンバーで支えていこうというものです。だから、一人で立ち上がる勇気をぜひ持ってほしいと思います。そうすれば、きっとその志に誰かが手を差し伸べてくれるのだと思います。

現在、全国に多くのまちライブラリーがありますが、どこもライブラリーのオーナーが自ら立ち上げ、時にサポートされながら、それぞれの力で歩いています。こうした支え合う仲間たちのネットワークがまちライブラリーなのです。

まち塾＠まちライブラリーの第１回のイベント

7 みんなで創る図書館の楽しみ――簡単、誰でも、どこでも、いつからでもやれる!

私が退院した二〇一一年六月、建築家、工業デザイナーやグラフィックデザイナーらが利用するクリエイティブオフィス「co-lab 西麻布」で、受付の本棚をまちライブラリーとして運営していくことになりました。

その時私は、まちライブラリーの全体像を話す機会をもらい、参加者に本の寄贈をお願いしました。「みんなの感想カード」というメッセージカードを書いて寄贈するという仕組みも、ここで試してみました。ブックポケットと貸出カードを買ってきて、本の後ろに貼り付けて、図書館の本らしくしてみました。

集まってくれた人たちからも、いろいろなアイデアをもらいました。中でも印象深かったのは、「これは本を集めるのではなくて、人を集める、人のライブラリーだ」という意見です。なるほど、本を持ち寄る人や本を借りていく人、本にも著者がいて、私もそういう人達に興味があります。「人のライブラリー」とはいい言葉だなあと思いました。

他の人が運営する場所にある小さな本棚でも、まちライブラリーがすぐに始められることがわかりました。本も自分で集める必要はなくて、イベントごとに参加者が持ち寄れば、ライブラリーを育てていくことができます。メッセージカードを入れることによって、参加者がどう

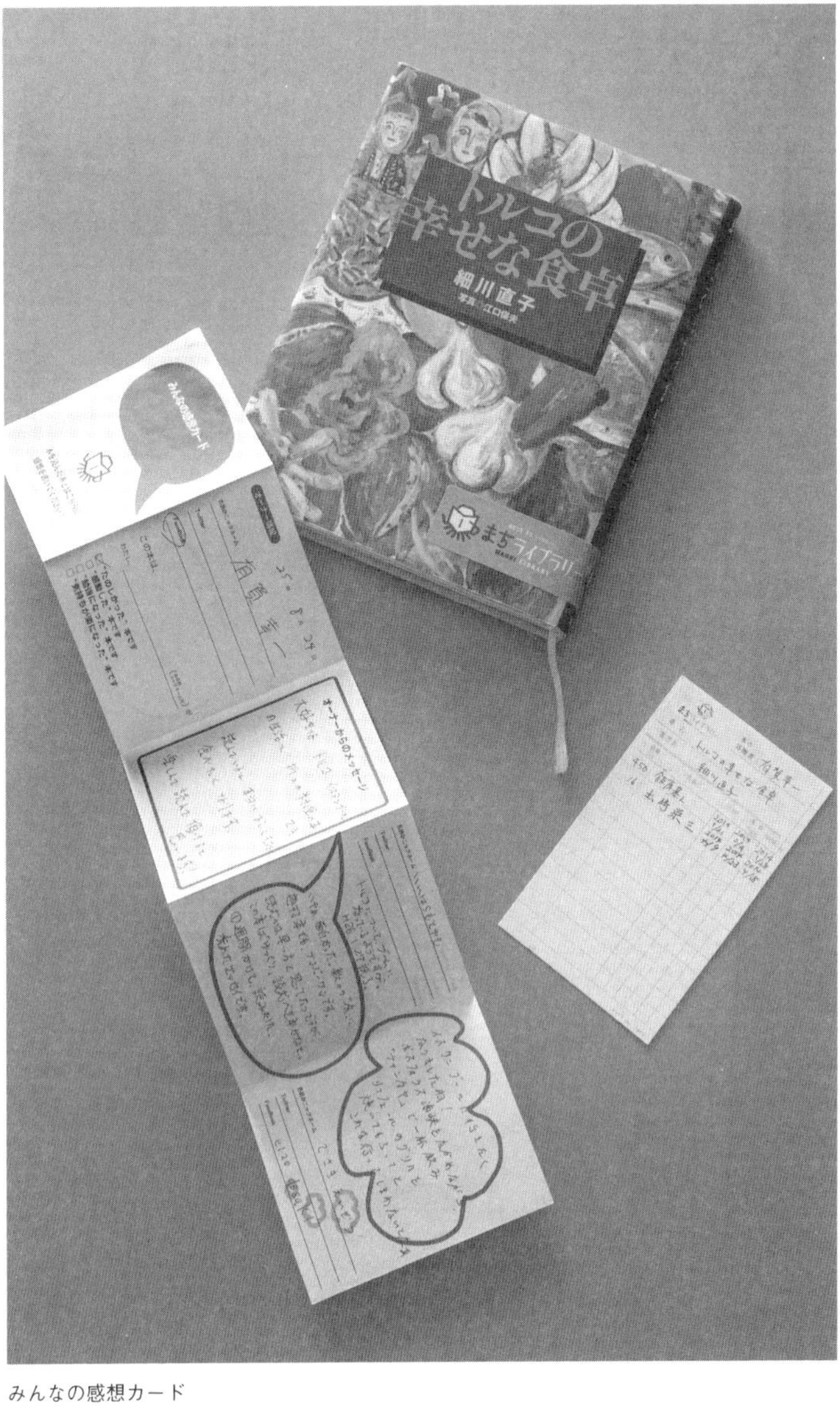

みんなの感想カード

いう意図で寄贈したのかもわかりますし、新たな人と出会うきっかけにもなるでしょう。

まちライブラリーが、どこでも、誰でも、いつでも始められるという手応えを感じた瞬間でした。ようやくまちライブラリーの骨格が出来上がり、徐々に人々からも理解され、まちライブラリーをつくりたいという人も増えていきました。

振り返ってみればあっという間ですが、アカデミーヒルズを去ってから六年が過ぎていました。

第3章 広がる「まちライブラリー」

1　都心の小さなオフィスに誕生した大きな「図書館家族」

二〇一一年十月、本格的なまちライブラリーを、みんなでつくろうと決意しました。前章で紹介した大阪市中央区にある父が遺してくれた小さなオフィスビルの中には、二〇〇八年に開いた一〇坪程度の「ＩＳライブラリー」がありました。勉強会などのイベントに開放していましたが、少し手狭になってきました。また、本を持ち寄ってもらうスペースもないので、もう一部屋、隣接する二〇坪ぐらいのスペースに本格的なライブラリー・スペースをつくることにしたのです。

つくるといっても、専門業者に頼んで工事をしてもらうときわめてコストも高いので、自分たちで空間づくりから始めました。

ちょうどまちライブラリーの仲間で、ビルのテナントさんの一人でもある建築家の笠原啓史さんが、木の建築がとても得意な人なので、その関係で木の卸業者から吉野杉を安く買ってもらいました。その杉を利用して、笠原さんの仲間の小牧啓一郎さんという木工仕事が得意な方に手伝ってもらって、ワークショップ形式で本棚とブックエンドづくりをしました。ワークショップ形式にしたのは、一緒につくってくれる仲間を集める意図からでした。

つくり方は、笠原さんと小牧さんのアイデアと指導のもと、三五センチメートル四方の木箱をたくさんつくって、その上に厚さ三五ミリメートル・幅二一メートルぐらいの板を乗せて、積んでいくだけで本棚にする、単純な構造にしました。

箱をつくるところには多少釘を打ったりすることが必要ですが、それ以外はほとんど釘を使わずにつくっていきました。それでも最初は、大工道具を普段持っていない私を含め参加者にとっては、随分と釘を曲げたり、板の取り付けを間違えたりと、悪戦苦闘でした。それが、一時間もするとなんとなく様になってきて、お互いの仕事をサポートするようになり、効率よく箱ができてきます。

週末を二回使って、この木箱を六〇箱つくって本棚を完成させました。箱を三段積んで本棚に、二段積んでテーブルに、一段だけのものはベンチにしました。フレキシブルな利用ができるようにという笠原さんのアイデアです。作り終えた木箱を並べ、それぞれの位置に配置し、ようやく部屋らしい雰囲気になってきました。

がらんとした部屋が、杉の本棚と机とベンチで飾られた部屋に一変していきます。どことなく無機質なオフィスの空間が、人の温もりが感じられる空間に変身してしまうから不思議です。杉の甘い感じの香りがかすかに部屋中を包んで、「あー、ここに何時間でもいたい」という空気になります。もちろん本棚の中身は空っぽですが、みんなで持ち寄った一〇冊程度の本をそこかしこに置いてみて、いつかこの本棚がいっぱいになることを夢想しながら、楽しい打ち上げをやりました。十月とはいえ、まだまだ日差しも強く、暑い日だったので、ビールを飲み干すと心までリラックスしたのを今でもよく覚えています。

本棚をつくって本を置く場所もあって、本を持ち寄る仕組みもつくって、さあ、図書館になると思ったのが、あに図らんや、常駐する人もいないし、ビルの三階の一室なので、そこまで上がってきてくれる人もいない。いい空間はできたが人が集まらないという、最初の難題にぶつかりました。

そこでさらに本棚をつくったグループを中心に話し合い、月に一回、定期的に「本とバルの日」というイベントをやることにしました。大阪らしく、本だけではなくて、食べることも大事、飲むことも大事。おいしい食事やお酒をみんなと共有しながら、だんだん図書館づくりをしていこうというアイデアです。

毎月第三土曜日に、「音楽を語る」「銅版画をつくる」「映画を見る」「ココナッツの話をする」「朗読をする」「劇団の話を聞く」など、毎回テーマを決めて、語り合いやワークショップを組み合わせて集まってもらうことにしました。それに関連する本を持ち寄ってもらって、数名のグループに分かれて本の紹介タイムを持ち、参加者同士が仲良くなったところで語り手（カタリストと呼んでいます）に本題の話をしてもらいます。特に冒頭にやる「本紹介」の時間は、初めて顔を合わす人たちでも和気藹々となる大切な時間になり、その後の語り合いやワークショップの時間がより充実し、本も順調に集まるようになってきたのです。

その後、料理が得意な方のおいしい手作り料理で、お酒やお茶を飲みながら懇親を深めていきます。中には「ケーキバル」といって、手作りケーキやスイーツをたくさんつくってくれる人たちもいて、その日を楽しみにしている人もたくさんいます。

ところがこれを運営していくのはけっこう大変で、当初は毎回私が講師を探し、イベント告知もやっていたのですが、なかなかそれだけでは回りきるものではありませんでした。そのうち仲間から、ISまちライブラリーサポータークラブをつくろうという声が上がり、企画も運営も自主的に協力してくれることになりました。サポータークラブのメンバーがお金も出し合って、電子ジャーや電子レンジ、ホットプレートなど、料理をしやすい環境もつくっていきました。

「本とバルの日」には毎回二〇名ぐらいが集まるようになり、これまでに二〇回以上開催しています。本も二〇一四年七月までに約四千冊集まりました。現在は、ボランティアやアルバイトが交代で館を運営する日も決め、普段から閲覧や貸し出しができるようになり、コワーキングスペースとして利用する人も出てきて、だんだんまちの図書館になりつつあります。

ISまちライブラリーの特色は、世代も違えば性別も違う人たちが集まってきていることだと思います。特に、官庁街・ビジネス街という場所で、コミュニティーが比較的生まれにくい地域なのですが、地域に住んでいる人と遠くから来てくれる人が、ゆるやかに交わって、毎回世代を超えた交流が行われていることが、一番の特色です。

さらにサポータークループのメンバーがより家族的な雰囲気になっていって、お母さん、お父さん、娘、息子のような、ゆるやかな家族関係を彷彿させるような場所になり、イベントのない日でもぶらっとＩＳまちライブラリーに寄って談笑したり、本やお酒を持ち寄ったりする雰囲気が生まれてきました。

昼の顔、夜の顔、週末の顔と、みんなの新しいリビングが生まれたような感じになってきています。このリビングを中心とした「図書館家族」が生まれつつあるように感じられます。その図書館家族の一人が、郷慎久朗さんです。

郷さんは新潟出身で、東京の大学を出て、放送局に入社し、初任地が大阪になりました。縁もゆかりもない地域にいきなり飛び込んできました。その彼が毎回この会に参加する中で、世代や性別を超えたつながりができ、「図書館家族」が誕生したのです。

図書館家族というのは、強い絆の本当の家族と、町会等の地域のコミュニティーとの中間に位置するような存在だと思います。何となく感性や雰囲気が合う人たちが本を通じて集まってくることによって、お互いの生活や行く末にゆるやかに関心を持ち、手助けができる関係性ができてきます。

だから彼が転勤になったときにも、みんなで応援メッセージを寄せたビデオをつくったり、逆に彼が『新潟生まれの、大阪育ち』という特別な本を仲間の協力を得て、つくったりしました。離れ行く日に彼が、「今まで、新潟が一番だと思っていました。しかし、今、僕の中では、大阪はそれに匹敵するか、それ以上の、第二のふるさとになっています」と言ってくれていることが、ＩＳまちライブラリーをやっていて、一番よかったことだと思います。

たった数年の活動だけれども、出入り自由であり、それでいて寄り合える人たちが本を通じてゆるやかにつながる中で、このＩＳまちライブラリーが、本だけのつながりを超えた都会生活でのふれあいの場になってきているのではないかと思っています。これを私は「図書館家族」と呼んでいるのです。

2　カフェでつながる人と人の出会い

カフェでの最初のまちライブラリーは、東京の入谷にある「iriya plus café」です。

二〇一一年の夏、目黒区の西小山商店街にある「西小山ラウンジ」というバーでまちライブラリーの説明をしたとき、偶然話を聴きに来てくださった人が「iriya plus café」のオーナーの今村ナオミさんでした。すぐ自分のカフェでもやりたいということで、翌週には私が「iriya plus café」に伺ってカフェの一角をまちライブラリーにし、二ヶ月後には今村さん自身の話を聞く会を開きました。

このカフェは築六〇年くらいの古民家を改装し、すべてのデザインを今村さんがやっています。とてもおしゃれにできていて、地域のみならず遠くからもお客さんが通ってくるカフェです。今村さんは、「一〇〇年続くカフェを目指したい」といつも話しています。

大阪市北区中崎町にある「Over45 cafe ピピネラキッチン」というカフェに、まちライブラリーが二〇一二年春にできました。オーナーの松下由以子さんがUKロックの大ファンで、イギリスと食と音楽の本を集めるコーナーができています。

松下さんは、学生時代からローリングストーンズをはじめ大のUKロックファンで、そのためにイギリスにわたってアルバイトをしながらコンサートに行くという生活もしていたそうです。また、小学生のときからの本好きで、ドリトル先生など当時読んでいた本も並んでおり、本棚を見るだけでも楽しくなってきます。

松下さんはここで、おいしいご飯を食べながらいろいろな話をする会を開いています。「食」の楽しさや大切さを理解してもらおうと、カフェでもおいしく、健康に食べられるランチを提供しています。

東京・東中野にある「音楽喫茶・カフェ　じみへん」も、音楽に関連のあるまちライブラリー

まちライブラリー @iriya plus café

です。オーナーの中川みどりさんは高校時代から音楽ファンで、参加した多くのライブのチケットも収集しています。ここでは多くのライブが行われており、その中のミュージシャンの一人、フォークシンガーのよしだよしこさんとは、奥多摩にある山のまちライブラリーで、山で音楽と本を楽しむイベントを実施しました。

さらに、大阪府枚方市楠葉にある池田珈琲店や、墨田区の東向島珈琲店にもまちライブラリーがあります。池田珈琲店のオーナー、池田繁治さんは本好きで、ご自分の本を中心に本棚に配架されています。また音楽イベントを実施するなど、カフェを交流の場にされているのです。

東向島珈琲店の井奈波康貴さんは、カウンターに集まる人たちをお互い紹介し、場合によっては人との出会いをつくるべく、いろいろな人と人との間に立つタイプのオーナーです。もともとホテルで宴会担当をされていて、ホテルでの人との出会いを大切にされてきた思いが、今のカフェにも受け継がれています。墨田区で何かおもしろいことをやろうとしている人が、井奈波さんのカフェで出会っていくのは、日常の風景になっているのです。

カフェというとヨーロッパの街角にある姿をイメージできるほど、ヨーロッパの都市生活にはなくてはならないものでした。ロンドンやパリのカフェでは、各種の社会システム、たとえば株式会社のシステムやいろいろな発明や発見、芸術家や小説家を生み出した文化の潮流などが、人々の交流を通して、生まれてきたと言われています。そのようなカフェは、まちライブ

まちライブラリー @Over45 cafe ピピネラキッチン

まちライブラリー @ 東向島珈琲店

ラリーにとってとても相性のよい場所だといえます。

本を通じて人と出会うまちライブラリーのねらいが、カフェのオーナーの情熱と組み合わさってまちの文化の拠点になっていけば楽しいでしょうね。

3 お寺をコンビニより身近に！——お寺のオープンマインド図書館

東京メトロ丸ノ内線の四谷三丁目駅近くに、陽運寺というお寺があります。お岩さん信仰で有名なお寺で、東京のパワースポットとして雑誌やテレビでも紹介されています。

副住職の植松健郎さんと出会ったのは二〇一一年八月です。まちライブラリーの説明をし、やっていただくようにお願いしたら快諾してくださり、手作りで本棚をつくられ、毎月やっている祈願祭に向けて、まずは副住職のご家族の本を集めることになりました。

祈願祭とは、心の垢を落として気持ちよく過ごしてもらおうと、数年前から始められた行事です。瞑想をしたり、法話を聞いたり、お経をあげて祈祷したお守りをもらう会ですが、本の寄贈や貸し出しを受け付けるようにしてから、三年近い月日が経ちます。

時には、副住職の法話ではなくて、植松さん個人のお話をカフェ形式で聴く会をやりました。

学生時代にニュージーランドをバックパックで歩き回った植松さんは、旅の途中でおじいさん

まちライブラリー＠四谷陽運寺

が亡くなっても連絡をもらえず、亡くなって半年後に日本に帰ってきて、初めて死を知ることになったことや、お坊さんだったおじいさんの影響もあって、仏門に入る決心をしたこと。もともとは薄暗く、近寄り難いお寺だったものを、毎朝二時間ぐらいかけて境内をきれいにし、木を一本一本伐採し、盆栽を植え、誰でも落ち着けるようなお寺にした話、世界三大荒行といわれる修行に参加した時の体験など、ふだん知ることのないお話をしていただきました。もちろんこのような時には、本を持ち寄ってもらって、一人一人が楽しく参加できるような工夫もされています。

植松さんは、仏事以外にも、誰もが気軽に立ち寄れる場所にしていきたいという思いでお寺の革新に努力されていて、お寺の門も朝から夕方まで開けています。なおかつまちライブラリーをしながら、信者さんや一般の方々ともお互いに距離を縮めてもらえるよう、植松さんのご家族が協力しあって温かみのあるお寺を目指しているとのことです。

また、陽運寺が経営している練馬ねむの木ガーデンという霊園は、バラの花がきれいに咲く公園のような墓苑です。墓苑の横には、山のリゾート地にあるようなラウンジがあり、その中にお洒落に配架された本があります。お墓参りや散歩の途中に気軽に立ち寄ることができる図書ラウンジで、飲み物も用意されています。

この他にも、東京の都心、港区にも気持ちの良い、お寺のまちライブラリーがあります。東

まちライブラリー＠光明寺「神谷町オープンテラス」

京メトロ日比谷線神谷町駅を降りるとすぐに光明寺というお寺があり、ここには春から秋まで平日の朝九時から夕方の五時まで開放されているお寺のオープンテラスがあります。神谷町オープンテラスと呼ばれていて、周辺のオフィスにお勤めの方が、お弁当を持ってきて食べ、休憩をしに来られます。また、お坊さんがつくられた手作りのお菓子とお茶などもいただけます。

このオープンテラスの店長、木原健さんは、このお寺の住職さんに、ここでオープンテラスの店長をしたいと申し出て、始めたとのこと。その後、得度されてお坊さんになった方です。

木原さんは、傾聴の時間という、お話を聴く時間をつくっておられます。予約をすると三〇分間、心に溜まっているお話を一人一人から聴いておられます。それぞれどんな気持ちでここに来られたのかを、受けとめてあげるべきだということで始められたそうです。

大阪市中央区には私の高校時代の倫理社会の先生だった島慶壽さんがやっている圓周寺に、まちライブラリーの本棚があります。私のまちライブラリー仲間で高校の後輩が島先生とばったり再会し、先生のところでもまちライブラリーはどうでしょうかと勧めてくれました。我がことのようにまちライブラリーを思う仲間が、こうしてさらに仲間を増やしていってくれるのです。入口のそばに置いてある木箱には、持ち寄られた本がぎっしり詰まっています。

このような形でお寺のまちライブラリーは広がっているのですが、現代社会で心の声を聞い

まちライブラリー＠圓周寺

てもらえる場所がなくなっている中で、改めてお寺の役割が見直されていくように思われます。日本には八万以上のお寺がありますが、これは約四万店あるコンビニの倍くらいになりますが、多くのお寺がふだんは門を閉ざしていて、あまり立ち入ることができない環境です。もう一度お寺が社会の中で地域のコミュニティや人間関係構築に役立てるような時代が来るといいですし、そういう場所とまちライブラリーが親和性を持って成長していければいいと思います。

4　山の中で自然に触れる人と本——奥多摩でアウトドア読書&出会い

まちライブラリーを始めた当初、いつかは自然の中にまちライブラリーをつくりたいと思っていました。私個人としても自然の中で読書や人の集まりのために時間を過ごせる場所が欲しいと思って、そういう場所を紹介してくれる人がいないかとツイッターでつぶやいたら、ある人が、「お前を呼んでいる人がいるぞ!」とリツイート(再送信)してくれました。その送信先が、奥多摩でまちづくりをしている、菅原和利さんという若者でした。

彼にさっそく連絡してみると、二〇一〇年の年の瀬に、六本木ヒルズに来てくれることになりました。ランチを共にしながらお互いの夢や考えていることを交換して、今度は私が奥多摩に行くことにしました。後程、彼から私の第一印象を聞くと、六本木ヒルズで随分年上の人に会うので、久しぶりにスーツを着て、緊張して行ったのだが、そこに出てきた人はまるでラフな風貌で、どちらが山から来たのかわからなかったと思ったそうです。

年が明けて二〇一一年三月十日、奥多摩駅に降り立つと、菅原さんが迎えに来てくれていて、車でまだ冬の様相が残る奥多摩の一番奥にある奥多摩湖のほうに連れていってくれました。

小河内ダムが見えると、その向こうには奥多摩湖が静かにたたずんでいました。それを横に見ながら、周辺道路を車で走っていると、地肌がそのままむき出しのトンネルがいくつもあり、いよいよ山奥に来た感じがしたあたりで、湖を見渡す小高い丘になっているきれいな石垣が見えてきました。

この山の中腹には、木造校舎の小学校がありました。二〇〇四年三月末で廃校になった小河内小学校です。

かつて奥多摩は、林業とダムの建設で多くの人が移り住んできました。特に一九三八年（昭和一三年）から一九五七年（昭和三二年）まで、戦争をはさんで二〇年にわたって建設された小河内ダム周辺には、多くの建設関係者が家族とともに移り住んだそうで、その頃には小学校にも多くの子どもたちの声が響いていたのでしょう。それも遠い昔となった今、ひっそりと役割を終えて、湖畔にたたずんでいるのです。

菅原さんたちと、ここがいつかまちライブラリーになればいいねと夢を見ながら、その日は鳩ノ巣駅前にある山小屋風のお洒落なカフェ山鳩で、今後のことを話し合いました。奥多摩とのご縁の始まりです。まさかその翌日に、未曾有の大災害が来るとは予想だにしませんでした。

菅原さんがJR青梅線鳩ノ巣駅前でやっていたのが「シェアビレッジ」という自然版シェアハウスのようなもので、一〇人ぐらいの若者が一つの家を借りて、週末を過ごしていました。

私もその家を借りないかと言われたのですが、年も離れているし、もう少し自分の時間も欲しいし、本を置いたりして自分の場所もつくりたいと思ったので、近くにいい場所がないかと彼に相談したら、同じ大家さんの敷地に、小さな空き部屋があり、大家さんが前庭と一緒に貸してくれるというのです。さっそくその部屋を見させてもらうと、きれいに畳や障子を張り替えた和室の部屋があったので、即答で借りることにしました。

壁いっぱいに本棚を置いて、泊まれるライブラリー「ＩＳまちライブラリー＠奥多摩」として改装しました。そこでは不定期ですが、星空の下で宇宙を語る会や、近くの神社や河原で本を読み、帰ってきてシチューとワインを楽しみながら本の話題を語る会などを開いています。

カフェのところでもご紹介しましたが、音楽カフェ「じみへん」で出会ったフォークシンガーのよしだよしこさんの歌声を、山の中にあるひっそりたたずむ神社で聞きました。蝉しぐれとよしださんの澄んだ声がとてもうまく調和しているようで、心地よい気持ちがいつまでも、いつまでも記憶に残りました。本と音楽を楽しむ、夏の楽しい思い出になりました。

鳩ノ巣は奥多摩渓谷の中でも最も美しいと言われているところで、駅すぐのところに渓谷もあり、山にもすぐに登っていける、希有な自然名勝の地です。ライブラリーも駅の目の前にあり、奥多摩の自然の中で、とても活動しやすい場所を得られたと思っています。

同じく鳩ノ巣には「カフェ山鳩」をやっている原島俊二さんがいらっしゃいます。マスターの原島さんにも奥多摩を初めて訪問したおり、ご紹介いただき、その後、このカフェでまちライブラリーイベントをやり、カフェの入口に小さなまちライブラリー棚をつくってもらってい

ＩＳまちライブラリー@奥多摩

ます。自然や山についてなど、イベントで集まった方々が持ち寄った本が置かれています。原島さんのおかげで奥多摩での人脈が築けて、自然の中での図書館がやりやすくなりました。

さらにおもしろいことが、起こりそうです。近い将来、出会いの原点である小河内小学校も、まちライブラリーになるかもしれません。東京で一番山奥にある「山の図書館」として再生してはどうかと、地元の人や関係している人と夢を語り合っています。

二〇一四年夏、木造の校舎を再訪しました。理科室、保健室、図書室、音楽室、そしてかつては先生と生徒たちの声が響きわたっていた教室。その一つには、最後の卒業式の時に先生が卒業生に送った言葉が、黒板に書かれています。

「3・25　朝、卒業おめでとう！　君たちにとって　きっと今日は最高のたびだちになる。僕から　勇気と　優しさを　プレゼントしよう」

そして、その脇には、「小河内小を巣立った子どもたちの思い出の部屋として残しておいてください！　旧職員」と書き添えられていました。

かつての息吹を、そして記憶を留めながら、学校そのものをライブラリー化し、都心に出ていった人たちに、本を持ち寄り、人と本に囲まれた、大人のクラブ活動ができる場として再生できないか、淡い夢を見させてくれた黒板でした。

このように、大都会と思われがちな東京にも自然に囲まれた場所があり、そこに来る人たち

まちライブラリー＠奥多摩カフェ山鳩

の、普段の疲れや悩みをすっと落としてくれるような所です。集まる人が、普段の喧騒やしがらみを捨て、素の自分に戻れる場・奥多摩は、まちライブラリーのこれからにとって大切な場になりそうです。

5 歯科医院をまちの文化拠点に

まちライブラリーを始めてしばらくすると、ある人から相談を受けました。

埼玉県の東武伊勢崎線北越谷駅前に大きな歯科医院ができる。空間デザインはその人の会社が請け負ってデザインすることになっているが、院長は単に歯科医院をつくるのではなくて、その空間を利用して、自分が育ってきた地域に貢献していきたいと考えている。ついてはレストランを入れてみる、カフェを入れてみるなど、いろいろ考えてみたが、運営の難しさから断念され、まちライブラリーをそこでやり、サロンをつくりたいということでした。名称も「まちライブラリー@リエゾンサロン北越谷」とされたのです。

さっそく、医院の一角を本棚で埋めていくようなデザインに一部変更してもらいました。本棚にはスタッフお薦めの本を置き、その横に本人の顔写真と、出身地や趣味などのプロフィールを付けてもらいました。これは患者さんとの距離を縮めるためと、スタッフにも活動に参加していただく意識を持ってもらうために、私が当初から院長にお願いしていたことです。

その空間を使って、二〇一二年の秋から徐々に、まちの人たちが交流できるイベントをしています。たとえば、歯科医師の一人がカクテルづくりが得意なので、家庭でつくれるカクテル講座をやりました。

シェイカーの代わりにジップロックを使って、その中で果物を砕いたりして、ジンなどを加えてカクテルにしていく。歯医者さんらしく、砂糖の代わりにはキシリトールを使いました。ほかにも、受付のスタッフが、読み聞かせをしたり、患者さんの一人が落語をしたり、地域の人でお菓子の家づくりをしたりしています。院長自らイベントに参加し、院内だけでなく院外の人たちの集まりも定期的に開かれています。

イベントに参加する人は本を持ち寄り、本を紹介しながら本棚に置いていきます。本の数だ

まちライブラリー@リエゾンサロン北越谷

まちライブラリー＠いしべあい歯科

け、人が集まってきた証が見えるのです。

滋賀県湖南市には、熱い想いで歯医者をしている、いしべあい歯科の西川淳雄院長がいます。西川さんの持論は、歯医者は何世代にもわたってまちの人たちと話をする場所で、歯医者だから聞けることもある。小さいころからずっと通っている人にとっては、人生を通して話せる場所でもあるのだ、ということです。その人たちとさらに交流を深めていくために、まちライブラリーをつくりました。

ともすれば敬遠しがちな場所の一つに数えられるのが歯科医院ですが、単に歯の治療をしに来る場所ではなく、歯の治療を通じて、あるいは歯の治療が終わっても、その場所が地域の交流ステーションになっていけるように、まちライブラリーが活用されています。

6 大学病院でも工夫が生まれる

大阪府守口市に関西医科大学附属滝井病院があります。二〇一三年夏、外来の透析患者も受け入れられる、大型の透析センターが完成しました。それに合わせて、長時間治療する人たちといかにふれあっていくのか、工夫を凝らせないかと考えていた先生方から、まちライブラリーを病院の中でやれないかという相談を受けました。

まちライブラリー＠関西医科大学附属滝井病院

既存の建物を利用した透析センターなので、大きな本棚を置く場所はありません。とても長い廊下があったので、表紙が見えるように本を置ける、薄い本棚を壁伝いにつくることを提案しました。これによって、本が廊下に展示されるようなかたちになります。そこに、とても絵がうまい守衛さんがいるので、先生や医療スタッフの持ち寄った本を似顔絵付きで紹介してもらいました。

透析患者は週に三〜四回、数時間の治療を受けるので、本を手にとってベッドに横たわり、透析中を読書の時間に充てる人もたくさんいると聞いています。まちライブラリーが始まって数ヶ月で東野圭吾のファンクラブができたり、猫の本を持ち寄るグループができたりと、患者さんと医療スタッフの、治療を超えた輪が生まれています。

また、院内の医師が、健康に関するセミナーを自著と連動してやったイベントもやりました。関心はあっても難しくてなかなか読み切れない本でも、著者自らがおもしろく解説してくれるので、病気や健康のことをより身近に感じられる取り組みも検討されているのです。

このように、大学病院のようなきわめて多くの人が利用する場所であっても、人の顔が見えることによって新しい世界が生まれてくると思います。

実は、医療機関とまちライブラリーの出会いは、二〇一一年の夏に始まります。まちライブラリーを始めてすぐのことです。当時、昭和大学にいらっしゃった手取屋岳夫先生と一緒に、健康について、医師はもとより看護師、薬剤師、医療スタッフ、患者も含めて、平場で話す会が必要だということになったのです。

ちょうどその年の春、まちライブラリーが始まる直前に入院した私にとっても、身近なテーマでした。現代の医療機関は、高度な医療機器を駆使して、また患者の取り違え等、医療事故を未然に防ぐために患者の腕にバーコードを取り付け、電子カルテで管理するなどＩＴ化も進んできました。患者は安心して治療ができるのかと思っていたのですが、入院していてどこか違和感を持ち続けていたのです。

たとえば、看護師さんが、朝や夜の検温をしてくれても、医師が巡回に来てくれてもバーコードリーダーで腕輪をスキャンして、症状を聞かれて答えると、その場でパソコンにどんどん入力していく。しかし、私の顔を見ることもあまりないし、聞かれたらそれを打ち込むだけ。目の前にいる人と会話しているのに、まるでその人がスマートフォンしか見ていない時に感じる違和感なのです。

この人は会話をしていないよね、この人は、私に関心があるのか、パソコンへのデータ入力に関心があるのか、どちらなのだろうと疑問がわいてくるのです。もちろん対応も丁寧ですし、説明を求めれば答えてくださいます。ただ相手の表情が、見えないのです。

ここに、現代社会が陥った罠を見るように思います。確かに患者の症状や言っていることを、データ化して入力しておくことは大切です。記録にもなるでしょうし、データの解析にも使えるでしょう。しかし、本当に大事なのは、その場にいる人と人の接し方ではないでしょうか。その人が、どんな表情をしているのか？　どんな感じをお互いが持っているのか？　心の動きも含めて、相手を受け入れているよという安心感ではないでしょうか。よく目を見て話をするといいますが、現代社会では人の会話より、機械を使いこなすことにすべてが向けられているような気がします。その意味でこの会の意義は、とても大切であるということを意識していたのです。そして健康を考えるまちライブラリーをやることにしたのです。

会は、六回にわたって話題を提供し、参加者で議論する形で進めました。一回目は、手取屋先生の心臓の話で、実際に豚の心臓を使って心臓バイパス手術の実演をやっていただきました。二回目以降、薬剤師や骨の専門家、そして血圧や乳がんの専門医師からのお話と、多岐にわたっていました。薬の話では、がんを宣告された場合、抗がん剤を使うか、使わないかという選択を参加者全員で考えてみました。何気なく考えていたことが、リアリティーを持って感じられる瞬間でした。

この健康を考えるまちライブラリーで一番感動したのは、会をやることを聞きつけた方が新幹線から電話してきて、「私は今もがんで治療しています。今までお医者さんや医療スタッフの人たちと平場で話をすることは、望んでもできませんでした。初めてそういう会に出られる

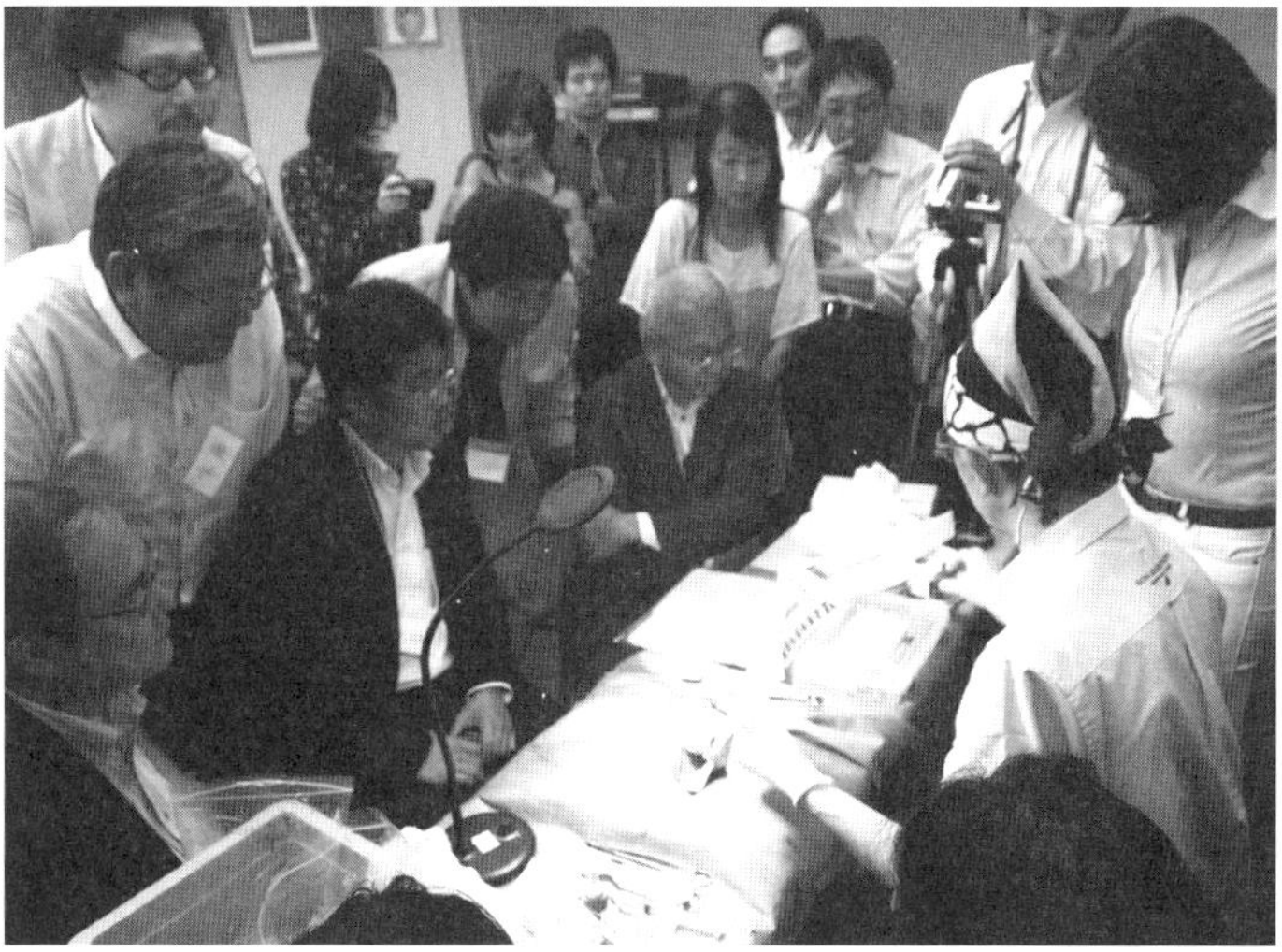

昭和大学病院での健康を考えるまちライブラリー

ということなので、ぜひ私もそこに参加させてほしいのです」とおっしゃったことでした。ほかにもたくさんそういった患者が出てきたので、私としては勇気づけられました。

この会に連動する形で別途実施した健康を考えるワークショップで、末期のがん患者の奥山学さんに、お話をしていただく機会がありました。病院から外出許可をとって参加していただきました。翌月のクリスマスに奥山さんと会ったとき、奥山さんが私の手を握って、「私は、まちライブラリーのイベントに出たときが、一番痛みが取れました」と言ってくださったのが、とても印象的でした。このように声をかけていただいてこの奥山さんに出会うだけでも、まちライブラリーをやっていてよかったなと感じた瞬間でした。

我々は一人一人名前を持つ、それぞれ違う個性の持ち主なのです。これは、医師をはじめ医療スタッフでも患者でも同じです。人としての信頼関係なくして治療はできないと言われます。そのためには、お互いの関心や人間性を確かめ合わなければできないものだと思うのですが、システムで対応していけば事足りると考えがちなところが、現在の病院の姿とも言えます。

医療の現場でまちライブラリーをやって、人間的関係を築いていくことは、投薬治療や手術よりも大事なことの一つになり得るのではないでしょうか。心の交流によって、痛みが消えていくこともあるのです。

7　地域でつながる人と人、本と本 ——まちライブラリーの集積

大阪・天満橋のＩＳまちライブラリーが誕生して以来、ＩＳまちライブラリーが入っているアイエスビルの中に五ヶ所、天満橋に五ヶ所、北浜に四ヶ所、緑橋・鶴橋に四ヶ所、谷町四丁目〜谷町六丁目あたりに三ヶ所と、半径二キロ以内に多くのまちライブラリーが誕生していきます。まちライブラリーが集積し出すとどんなことが生まれてくるのか、期待して見ています。

たとえば、鶴橋で小野千佐子さんが開いている、布の生理用品をつくっているお店のショー

ルーム「ファレ＊ティプア」、出崎栄三さんがやっている北浜の紳士服の仕立屋さん「シュール・ムジュール　デサキ」、木の建築家の内田利恵子さんが谷町六丁目でやっている「やままちライブラリー@建築設計室『Morizo-』」の三館は、ほぼ満月の日を狙って、お互いの館で順番に、まちライブラリーのイベントを開催しています。「ぶらりまちライブラリー、ほぼ満月の会」と呼ばれています。この会はMorizo-さんのまちライブラリーで日本茶の会をやったときに出た自然発生的な企画を、参加者でもありオーナーでもある三人がまとめて実行しています。参加者は一〇名くらいと少人数に絞って、密度の高い会にされているようです。紹介した本は、その場で貸し借りをし、次回の会に持ってくるという工夫もされています。

これ以外にも、北浜・天満橋では、二〇館近くのまちライブラリーをお互い廻り歩く会をときどきやっています。北浜・天満橋で一日に五館ぐらい回って、それぞれのところでお茶を飲み、話を聴き、本を持ち寄って紹介しあう。お互いの館の励みにもなるし、参加者がこういう地域にこういう場所があるのだということを認知してくれる、とても楽しい企画になっています。

鶴橋には「コミュニティカフェからをと」というコミュニティースペースを運営している小野寺悠介さんがいます。ここではまちライブラリーも含めて、いろいろな小さな集まりがあります。外国からの旅行者が泊まることもできるそうです。ここの特色は、自宅の一部をこのようなコミュニティースペースにしているところです。人と人の交差点を見ながら、住み続ける。

まちの住まいの在り方を考えさせてくれます。

また同じ鶴橋には、「シカトキノコ」というデザイン事務所があって、そこにもまちライブラリーがあります。もともと「住み開き」と呼ばれている場所でもあり、個人のデザイン事務所なのに、ふらっと来た人が冷蔵庫から飲み物を出して、その分だけお金を支払うなど、セミパブリックな形で運営されています。もちろん本人がいない場合は閉館なのですが、そこが、私設図書館のゆるくていいところです。

主宰者の藤田ツキトさんの本職はデザイナーで、仕事を受けるときに、半分は物々交換に応じます。たとえば、市場のホームページを請け負った際に、お金での清算に加えて、定期的に魚をもらうという契約をしたそうです。藤田さんは、それを使って、定期的にいきのいい魚を仲間と食べながら、楽しい時間を過ごしているそうです。

このような行為は、従来の経済活動とはひと味もふた味も違っています。物を介し、人を介しながら、交流という新しい地域活動が生まれているということなのです。世の中で行われていることはすべて貨幣価値だけでは回っていないということです。自然発生的な地域活動こそ、本来の我々の社会の中で考えていかなければならないと思います。やれることと、やりたいことを組み合わせていく、こんな生き方も増えると、社会も変わってくるかもしれません。

大阪府茨木市にも四ヶ所、まちライブラリーがあります。その一つは、「アジアンカフェ

まちライブラリー＠シカトキノコ

コミュニティカフェからをと（まちライブラリー）

まちライブラリー＠デジャブ

デジャヴ」です。オーナーの脇本秀史さんは、このカフェを地域の文化活動の拠点として、数々のイベントをやるとともに、その中でまちライブラリーを始めました。ここで開いたイベントで出会った、「Seven Step Music」という音楽教室を経営している岡本美奈さんや、同じく参加者の寺田和子さんが、ご主人の寺田弘志さんが経営する二ヶ所の接骨院でもまちライブラリーを開き、茨木だけで四つ誕生したのです。

このような集まりがどんどん生まれてくると、地域の中で新しい活動グループが自ずと発生してきます。集積したまちライブラリー同士がつながることで地域に楽しい人が集まり、徐々に開かれたまちとして認知されるのではないかと期待しています。

8　商店街やショッピングモールでのまちライブラリー

神戸の山手、阪急岡本駅からＪＲ摂津本山駅の間にある、神戸市東灘区の岡本商店街は、とても元気な商店街です。甲南大学や甲南女子大学、神戸薬科大学をはじめ多くの学生が行き来しながら、阪急やＪＲの利用者も、後背地の住宅に住む人もたくさん利用しています。

この商店街で二〇一四年四月、一七のまちライブラリーが同時に開設されました。その後、五ヶ所増えて二二ヶ所に拡大しており、さらに希望者がいるとのことです。

全体で「岡本まちライブラリー」と名付けられています。ここでは、それぞれのまちライブラリーが、思い思いのテーマで本を集めています。商店街を訪れた人は、自分の趣味に合ったまちライブラリーを選択し、そこで好きな本を読み、館によっては借りることも可能です。各お店が、「村上春樹」「時代小説」「絵本」「主婦が興味を持つ本」「本の本」「アート」「地域の歴史」「知り合いが載っている本」「音楽」「アウトドア」など、さまざまなテーマに分かれていて、商店街全体で図書館になっているのです。お店のテーマやオーナーの興味と連動しながらの、個性豊かな図書館の誕生です。

ここでは、二ヶ月に一回程度、各お店を巡り本を置いていくイベント、「植本祭」をやっています。参加した人が、テーマに分かれた本を持ち寄って、テーマごとのお店に集まり、本を紹介し合い、お店のオーナーも一緒に語り合う会です。もちろんその本の寄贈を受け付けて、本棚を成長させているところもあります。

商店街で音頭を取っているのが、商店街振興組合理事長の松田朗さんです。もともと松田さんは阪神・淡路大震災後の商店街や周辺のまちの復興活動をはじめ、地域の活動に非常に熱心で、商店街の枠組みを超えて有馬温泉や丹波篠山のグループとも結びつき、兵庫県全体で広域的に地域交流や文化交流をされています。

岡本商店街のまちライブラリーに期待したいのは、活動が単なるお店からお客様へのサービスにとどまらず、活動によってそれぞれのお店のオーナーと利用者の垣根が少しでも低くなり、利用者が商店街を育てていく関係が生まれてくることです。ともすれば商店街は、商品をただ置いて、一方通行的なイベントをやって、人を集めることだけで汲々としているところがあるかもわかりませんが、利用者との交流を深めることによる商店街の活性化、ひいては地域経済の発展につながればと思っています。

一方、大型のショッピングセンターの中にも新しい試みがスタートしています。南海本線和歌山大学前駅の駅前にできたイオンモール和歌山です。二〇〇店にのぼるショッピングセンターの中心に「まちライブラリー@ＪＡＭＥＳ　ＴＡＹＬＯＲ」が誕生しました。

ここは、計画の段階からまちライブラリーにしようとしてつくられたカフェです。まちライ

岡本商店街の22ケ所にある「岡本まちライブラリー」

ブラリーとしてつくる以上、単にお店の商品である紅茶を売るだけでなく、ショッピングセンターに入っている各店舗の本棚や利用者のコーナーをつくることでショッピングセンターの中にコミュニティをつくり、地域とつながり、将来的には周辺の大学とも連携等を模索しながら、文化的・知的交流拠点としてのカフェを目指していくとのことです。

現在は会員制で運営されていて、会員になれば貸出ができるようになっています。蔵書は、専門のブックコーディネーターが最初に選書したものと、利用者が持ち寄って集まってきたものがあります。各店舗から店長をはじめスタッフのみなさんが持ち寄ってできた本棚や、イベントで持ち寄った本が集まったユニークな本棚も誕生しつつあります。

さらに二〇一五年の春、大阪城公園の南にある森ノ宮地区に、大手不動産会社の東急不動産が設置・運営するユニークなショッピングセンターが誕生する予定です。ここでは、広大な緑のある大阪城公園の魅力を生活に活かし、スポーツや健康をテーマにした都心型生活の中心地にしようとしています。そしてその目玉ともいえるのが、施設内に設置される、まちライブラリー@もりのみやキューズモールです。

このまちライブラリーの中には、地域の人や買い物に来られた方や、テナントさんのスタッフなどが持ち寄った本が並べられる予定です。将来的には数万冊収蔵可能な図書館になる予定です。また大阪で有名な書店、スタンダードブックストアさんのカフェが入ったり、FM放送のサテライトスタジオもつくって生放送をしたり、共同イベントもします。さらにキッズコーナーもつくって、親子がふれあう場所にもなる予定です。ショッピングセンター全体のコミュニティスペースのみならず、大阪城周辺の、高質で文化的な拠点にすることを目指しているのです。

この周辺には公共図書館はほとんどないのですが、まちライブラリーはたくさんあり、それら既存のまちライブラリーとも有機的につながった場になることを夢見ています。そして近い将来ここが、全国のまちライブラリーにとっても大事な場になる可能性を秘めていると思っています。

まちライブラリー@ JAMES TAYLOR

9　個人宅をまちライブラリーに

二〇一三年十月、奈良県大和高田市にお住まいの七〇代の男性、高橋正夫さんから電話をいただきました。

「家内が遺した本がたくさんある。これを使って自宅をまちライブラリーにできないか」というご相談です。新聞でまちライブラリーの記事を読んで、わざわざ問い合わせていただいたのです。私は、一度訪問して様子を見ましょうと電話を切りました。

一ヶ月ほど経って、ようやく高橋さんの自宅を訪問することができました。自宅におじゃますると、そこには壁一面の本棚があり、白い布がかけられています。布を外してくださるとそこには、かつて奥様が買われ、読まれた本が一面に現れました。

本棚を眺めながらご事情を聴いてみると、その年の夏、約八年半寝たきりだった奥様が亡くなられたとのこと。最後の数年は会話もできずに、奥様に呼びかけながら反応を見て介護されていたとのことです。奥様は本好きで、結婚した時も奥様のお母様から彼女と結婚すると本代で給料がなくなるよと、言われたほどだったそうです。

壁一面の本をしばらく眺めていると、生前の奥様の姿が浮かんできます。動物好き、植物好き、歴史好き、旅好き、写真好き、美智子妃殿下が好きな方だったのが窺えます。

さらに本を眺めながら高橋さんのお話は続きます。

一人残されたご主人は、この本を捨てることができない、でも整理の仕方もわからない。まちライブラリーにしたいけれど仲間も近所づきあいもない。仕事一筋の人生だったとのことです。キッチンにあるテーブルにはテレビと電話、それに奥様の写真が置いてあり、ご主人の日々の生活が垣間見えてきます。「高橋さん、この本を一人で整理するのは気が滅入りますよね。仲間を集めてみんなで整理しましょうよ」と、そう約束して、その日はご自宅を辞去しました。

たとえ私一人だったとしてもお手伝いすれば高橋さんの気分も少しは晴れるだろうという覚悟をして、ことの顚末をネットに書き込みました。すると意外にも複数の方からお手伝いの申し出をいただきました。年が明けたあたりに「高橋さん宅をまちライブラリーにするぞ！」と

まちライブラリー@大和高田はるえ文庫

宣言して、集まった仲間とともに再訪し、この本棚の整理、登録、そしてまちライブラリーとして運営ができるように準備をしました。

まず、本棚からすべての本を下ろしてジャンル別に分けて、本棚に仮収納しました。ざっと概算しても二千冊はあることを確認し、次にそれらの本をデータベースに登録することにしました。こうした活動を一月から五月まで毎月、数名の方で行いました。昔、大和高田で仕事をしていた料理人の方、普段は公共図書館に勤めていて休館日にお手伝いに来てくださる方もおられました。

高橋さんは、自慢のカレーライスをつくって、我々にふるまってくれます。そういった会食の席で、まちライブラリーの名称も奥様の名前をとって「はるえ文庫」にしようとか、定期的に本を持ち寄る会をやろうとか、いろいろなアイデアが生まれてきました。

そして二〇一四年五月、「まちライブラリー@大和高田はるえ文庫」は静かにオープンしました。開所の会には一〇名近い人が、各々寄贈したい本を持ち寄って、高橋さんの手作りのカレーと、仲間のシェフのつくってくれたお料理をいただきながら、これからの運営方針を含めて議論する会を開きました。こじんまりした集まりでしたが、中身の濃い意見がどんどん出てくるまちライブラリーらしい会合でした。近い将来、本を中心に、人の輪が広がり、さらに明るい声がこだまするまちライブラリーになることでしょう。

徳島県でも、個人宅をまちライブラリーにしている人がいます。コミュニティスペースをあえて地域につくらなくても、個人宅がコミュニティスペースになります。自分の開館したい日だけ、自分の都合に合わせた運営で、それぞれの家がそれぞれのコミュニティタイムをつくる。それによって地域全体がコミュニティスペースに変わっていくことも、十分に考えられると思っています。

10 話して、話して、歌って、公共図書館をジャック
――千代田区立日比谷図書文化館「〝人〟のライブハウス」

私が公共図書館でやってみたい夢の一つは、閲覧スペースを、自由に議論し会話できる空間にすることです。本は人が書いたもので、それを読んだ人が、お互いにその中身について、感想や意見を交わしあうのは、著者にとっても歓迎すべきことではないかと思うからです。

ところが、多くの図書館では静寂が求められます。人と人が会話することは禁じられていて、閲覧スペースでは、勉強会を開催することもままならず、別室でやることになります。私は逆に、閲覧スペースこそ、人と人が話し合っていく場所にふさわしいのではないかと、以前から考えていました。つまり、図書館をアゴラ（広場）にして、人々が出会い、学び合い、情報が生まれる場所にしたかったのです。

また、かつてアカデミーヒルズをやっていたころ、森ビルが建設中の愛宕グリーンヒルズで、「知のライブハウス」というイベントを開きました。テーマ別に五グループに分かれて、学者や文化人が車座になって話し合いをしていく。それを観衆が、それぞれのグループの議論を聞きかじりできる設定でした。建設中のビルにもかかわらず、八〇〇人ほどが参加して、大盛況なイベントになりました。

図書館でもそういうイベントをやるチャンスがないかと思っていたときに、旧・都立日比谷図書館が改築されて、千代田区立日比谷図書文化館となって再スタートするにあたり、オープニングにふさわしいイベントがないかと、ある人から声がかかりました。まちライブラリーを始めてまだ半年もたたない時期ですが、長年の夢を試すこともできそうなので、やってみることにしました。図書館の閉館後の数時間を使って、まちライブラリーのイベントを閲覧コーナーでやることにしたのです。二〇一一年十一月のことです。「〝人〟のライブハウス」と呼んで、参加型のワークショップを館内の閲覧コーナーのほとんどでやることにしたのです。つまり、参加者同士が学びあえる会にしようとつくったものです。

企画の骨子は、二十数人のカタリストと呼ぶ語り部を集め、カタリストが話題提供し、参加者はそのテーマに応じた本を持ち寄って、五～一〇人くらいのグループに分かれて、館内のそこかしこで同時に語り合いの会をやるというものでした。募集コストもままならない状況で、すべての参加者から二千円いただき、それをパーティー代も含めて総額三〇万円程度で実施しました。これだけのイベントをこのコストで回せたのは、思いを共有してくださった多くのボランティアの方がいたからです。

ライブ演奏をするバンドも入れて、館内に音楽が響きわたる中、会を進めました。フロアの各所で熱心に語り合っている人たちがいたり、音楽に聞き入る人がいたり、普段の図書館から

千代田区立日比谷図書文化館「〝人〟のライブハウス」

は想像できない光景が展開されていました。図書館全体が大きな広場になったようなものです。

広場を目指す図書館という課題が、よく図書館関係者から出てきます。しかしながら、同時に図書館とはかくあるべし、という既存のイメージも厳然とあります。どちらが正しいというものではなく、いろいろな使い方ができるのですよ、ということをここで見せてみたかったのです。つまり、図書館も昼の顔、夜の顔と違ってもよいし、本来の図書館の使い方をする日もあれば、たまには別の用途に使うこともできるのではないかという発想です。

欧米では、美術館を使ってファッションショーをやったり、パーティーを開いたりすることもあります。図書館も図書がある空間をもっと柔軟に使いこなすアイデアがあっても良いと思うのです。

日比谷図書文化館では、結果として二〇〇人以上の人が集まり、多くの人と語り合えるイベントになりました。これが、ゆくゆくは図書館全体に広がっていく活動になればいいと思って、図書館の人たちにもイベントの一端を見ていただきました。残念ながら日比谷図書文化館では一度きりのイベントになりましたが、まちライブラリーのコンセプトを具現化させる、エポックメイキングなイベントでした。そして、このあと誕生するまちライブラリー@大阪府立大学へ、その方式が引き継がれていったのです。

第4章

蔵書ゼロ冊からの図書館、誕生！

――まちライブラリー@大阪府立大学

1　大阪府立大学との出会い

二〇一〇年秋、まちライブラリーをやろうと心に決めて活動を模索していたころ、大阪府立大学観光産業戦略研究所所長で教授の橋爪紳也さんとお会いしました。

六本木ヒルズが誕生してすぐのころ、橋爪さんが『月刊現代』で東京の街を分析する記事を書かれるときに、初めてお目にかかりました。ちょうど丸ビルや六本木ヒルズの誕生で丸の内や六本木がどのような街になるか注目されている時であり、その比較や分析を当事者であった私にも取材に来られたのです。私はその折に、初代丸ビルが大正時代に誕生して職住分離、工販分離が始まり、ホワイトカラーやオフィスレディが誕生する工業化時代を代表するビルになったように、六本木ヒルズは、本来、遊びや趣味と思われているエンターテインメントやアートの世界がビジネスになっていく情報化時代を代表するビルになりそうだと話していたことを覚えています。

まちの骨格は、時代によって変わっていく。故郷の大阪も時代の変遷で都市の在り方が随分変わりました。米相場をバックに金融都市として君臨していた江戸時代の大阪、大阪万国博覧会で変わっていった大阪、その後の繊維産業の衰退でさみしくなってきた大阪など、橋爪さんとの話は盛り上がりました。それ以来、同郷のよしみもあって、アカデミーヒルズで講演や研究会を開いたり、森記念財団でも研究会を開いたりするおつきあいになったのです。

その橋爪さんから、今度大阪府立大学がなんばにサテライトキャンパスをつくるので、アカデミーヒルズの経験を踏まえて協力をしてくれないかという話がありました。

長年のつきあいでもあり、ふるさと大阪での活動でもあります。さらにその後すぐ、大阪府立大学の理事長・学長である奥野武俊さんが六本木ヒルズにいらっしゃいました。アカデミーヒルズを案内し、夕食をともにしながら意見を交換して、非常に前向きかつ曇りのない目で物事を見られる奥野さんとならばと思い、新しいサテライトキャンパスづくりに協力することになりました。

2　今までにない大学のサテライトを目指して

翌二〇一一年からスタートした研究会で、新しいサテライトキャンパスは、アカデミーヒルズともひと味もふた味も違ったものにしようと提案しました。

サテライトキャンパスが予定されているのは、南海電鉄の大阪ターミナル、なんばの南側再開発エリアの最南端に位置する場所です。すでにターミナル駅の上には、超高層のホテルやオフィスビル、住宅、なんばパークスと呼ばれる商業施設も完成し、一〇年の歳月がたっています。

そこから一キロメートル近く南の地区は、今宮戎神社の近くで、周辺の開発も遅れている地区でした。この最南端の地区にも、超高層の住宅が完成しており、同じ街区に建設されるのはライブ音楽のホールと南海電鉄の本社になる予定の中層のオフィスビルでした。このビルの二階、三階を大学が借りて、サテライトにしようというもので、面積も二〇〇〇平方メートルにもなる大きさでした。ここに観光産業や地域づくりを勉強する社会人大学院や研究所、二〇〇人以上入るホールや教室をつくり、それら施設の外側の壁をすべて本棚にしていこうというものです。そして、ただ施設的に新しいのではない、新たな大学サテライトとは何かを研究し、実践するものでした。

アークヒルズにつくったアカデミーヒルズは、慶應義塾大学や早稲田大学が共同利用するサテライトキャンパスで、大学の都心キャンパスの突破口を切り開いたものでした。しかし、これは、私が二〇年近く前につくったものであり、同じことを繰り返すのは私自身が納得できませんでした。その後、多くの大学でサテライトキャンパスがつくられていますが、現状は大学の出先の講義や市民講座の延長に過ぎない。本当に大学の活動に市民が参加するものにはなっていないのではないかと、常々思っていました。どうしても大学がつくるものはアカデミックな価値観で市民活動を見てしまうので、市民に教えてあげるのだという姿勢が強いような気がするのです。

しかし本来、大学はもっと市民の声を聞くべき立ち位置にあるのではないか。従来の発想であれば、大学は知識の集約点であり、その知識を人々に提供していくことは、将来も変わらない大事な役割の一つではありますが、社会が複雑になって多様な価値観が生まれる今日においては、大学で集められる知識には限界があると考えています。

多くの人たちがいろいろな市民生活をし、ビジネスをし、文化活動をしていく中で、大学では考え得ないような知識や経験が蓄積されている。それは決して、教科書や学会の活動では得られないものだと思います。大学は、この人たちの活動に耳を傾け、知恵や経験を集約し、さらに次の時代に社会に出ていく人材の育成に寄与するサポート役になるべきだと思っています。

このように考え、大阪府立大学のサテライトキャンパスの中に、市民が主体的に関われる場所をつくることを想定しました。十数年前にサテライトキャンパスをつくったときと真逆の発想で、「アカデミックな知識」を伝えるのではなく、「人々の生きる知恵」を吸収し、発表できる場を創設することに主眼を置き、ライブラリー機能を入れてはどうかと考えていました。理事長・学長の奥野さんも大いに賛同してくださり、このサテライトを知的融合の場所とし「I-site」と称して、「Integrate」（新しい知識が融合する）「Inspire」（知的好奇心を刺激し合う）「Initiate」（未知の活動が動き出す）する場所と位置付けました。

3　理解されにくい〝図書館〟を乗り越える工夫

学長の奥野さんや橋爪さんにはライブラリーを入れることをご了解いただいたのですが、私が考えているライブラリーを現実のものにするには、多くの困難がありました。

まず、大学関係者には大学図書館のイメージがありすぎて、我々がやろうとしていることに対する誤解がありました。図書館と、我々のライブラリーの間には、大きなコンセプトの違いがあり、その理解が得られませんでした。

また、限られた予算で大学運営がなされている中で、新しいアイデアへの投資に賛成される方ばかりではありませんでした。予算にも限りがあり、新しいことをやるだけの人材の確保もままならない状況もあり、開設一年前には、とうとう、ライブラリーは必要かどうかという議論にまで発展してしまいました。大学の内部から、ライブラリーをやめてギャラリーなどにしたほうが、コストがかからないのではないかという意見も出てきました。私は、今さらギャラリーにしてもそれなりのコストはかかるし、ギャラリーの運営ノウハウも大学にはないと思われるので、二年近く議論してここまで来た以上はなんとかライブラリーをやりませんかと、お願いしました。

学長の奥野さんに、「たぶん学内では、このライブラリイリーをすぐに理解し、実行することは難しい。私に一年間だけゆだねてもらえませんか。まちライブラリーのサンプルをつくって、一年後に継続するかどうかを判断されてはどうでしょうか」と提案しました。そして、学長の承諾の下に、ようやく開設に向けて動き出すことになったのです。

ただ、大きな問題がありました。縦六段・幅一五〇メートル近い本棚を埋める本を大学がどう調達するのか？　大学が本を購入することは、図書館の考え方からも難しそうだ。また誰がこのような図書館を運営するのか？　スタッフを大学から出すこともままならないことがわかってきました。この新しい形のサテライトのコンセプトを十分に理解して、運営していくスタッフを短時間で育成するのは、きわめて難しいだろうなということを認識せざるを得ない状況でした。

そこで、一工夫打ちました。大学から離れて、市民がつくる図書館にしようと提案したのです。そもそも現代の私たちの生活環境は、行政や企業の方でお膳立てされすぎているのです。至れり尽くせりの状態で、一般の人はただ利用者としてその施設やサービスを利用するだけになっています。これは、一見便利で快適な状態に思えるのですが、逆に参加意識が薄れ、何事も受け身の状態になるのです。そして次から次へと提供されるこれら施設やサービスに対してただ選択をするだけで、ついには食傷気味になっていくのです。これが図書館の世界でもいえるように思います。そこで発想を一八〇度切り替えて、利用者自らが創り上げる図書館をつくろうという考えに至ったのです。

4　大学の手を離れて、市民がつくる図書館

開館まで半年に迫った二〇一二年十月、本棚までは大学が設置し、本を集め、運営していく活動はすべて市民がやる、蔵書ゼロ冊からの図書館を提案し、内外の方々に呼びかけました。多くの人が図書館づくりに参画したい、新しいタイプの社会活動に参画したい、自分も新しいことをやってみたいという思いを持って、集まってくれました。結果、七〇人近い人が協力を申し出てくれて、毎月、勉強会をすることになりました。まちライブラリー@大阪府立大学のサポーターの会の始まりです。

蔵書ゼロ冊からの図書館として、いかにそのコンセプトを決め、運営していくのか、毎回議論されました。他の先駆的な図書館の事例として、おぶせまちじゅう図書館を開いた花井裕一郎さんのお話を伺いました。また、本棚をコーディネートするときに、本をただ入れるだけではなく、本をディスプレイのように扱っていくつくりかたも大事なのではないかと、ディスプレイデザイナーの澤田直美さんにもお話を伺いました。

学長の奥野さんには、「大学の人はスタッフとして参加しなくていいので、学長が市民の一

人として、サポーター会議に参加してくれませんか」とお願いしたら、第二回のサポーター会議から実際に「奥野武俊」として参加してくださいました。これを見て、大学のスタッフにもこのプロジェクトの本質的な意味を理解していただいたのではないかと思いました。

よく「市民協働」という言葉を使う企業や行政や大学がありますが、上から目線で市民との協働、地域連携とお題目だけのケースが多いような感じがします。自らが一市民として、協力の輪に入っていないケースが多いのではないでしょうか。その意味で、奥野さんの姿勢は、大学の地域連携の先駆的な流れをつかみ取ったと言えます。一市民奥野さんとして、新しいまちライブラリー@大阪府立大学をつくっていこうという気概に、心を打たれました。市民の人たちもボランティアとして工夫をし、スタッフとしての協力を惜しみなくしてくれました。

5　本を植えて本棚を育てる「植本祭《しょくほんさい》」

本の集め方も一工夫しました。植樹祭から発想して、本を持ち寄る集まりを「植本祭」と銘打ち、正式オープンの一月ぐらい前に開催しようと考えました。ただ本を持ち寄るだけではなくて、二日間で四八のワークショップを企画し、ワークショップごとに人が本を持ち寄って議論をする方法にしたのです。参加チケットが、寄贈する本となるわけです。

このやり方は、かつて二〇一一年秋に千代田区立日比谷図書文化館で実施した、まちライブラリーのイベント「〝人〟のライブハウス」の経験を生かしたものです。その時のイベントも図書館の閲覧エリアすべてを使って、たくさんのワークショップを企画し、同時にそのイベントに参加してもらう方式をとりました。

なぜこのような形にこだわるか前章でも述べましたが、図書館での閲覧コーナーこそ本来は、人と人が会話をし、議論する広場になればよいと考えているからです。

従来、図書館での閲覧は、一人一人が静かに本を読む環境を提供するために、会話はもちろん、議論や飲食はご法度であるという常識があります。しかし、私は、あえてこの環境を時には変えてもよいのではと考えているのです。

そもそも本は、人が書いたものです。その本について議論したり、その本を話題にしながら会話をしたりするのは、このように本が集まった中でしかできないのではないかと考えるからです。図書館だけがあまりに静寂な環境になるのは、図書館の常識にとらわれすぎているからではないでしょうか。植本祭はこのような常識に対する逆提案でもあったのです。

またこのイベントでは、プロモーションの費用が全くなかったので、人をどう集めたらいいのだと聞かれましたが、「人は集めない、各ワークショップの主催者が声をかけるだけだ」と答えました。

できたら各ワークショップも一〇人で打ち止めにしたい。理想は五人くらい。そんな小さなワークショップを二日間で四八個企画したのです。一ワークショップに五人ずつでも二四〇人集まる計算で、二〇〇人以上が集まれば十分ではないか、と提案しました。

これも常識の逆をいくものです。よく講演者を呼ぶイベントなどでは、参加者が多いほど素晴らしいという常識があり、また少ないと講演者に失礼だし、集まらないと失敗だと思われがちですが、これも主催者や講演者の一方的な思いだと思います。そもそも参加している人は、その人の話が聞きたいのであって、できればその人と膝を交えて議論や質問をしたいのです。そのためには、人数が少ないほうがよいのです。一人一人満足のいく会話ができ、多くの人の前で聞きたくても聞けない質問を抱えて、もじもじしなくてすみます。

本来、少人数のほうが話す人も話しやすいはずですし、少ないほうが誰でも気軽に話ができ、出会いが生まれやすいのです。高い演壇から多くの人を見渡して講演することに満足している講演者や、多くの人を集めることによって集客効果を計算している主催者のほうが、本来のコミュニケーションとはかけ離れているのです。

まちライブラリー@大阪府立大学の植本祭は、二〇一三年三月九日、十日に開催し、二日間で約五〇〇人が参加し、想定の二倍以上の人たちが集まりました。結果的には、成功裏に終わったと思います。人数が集まったからというより、ふだん人前で話をしない人が人前で話をし、それを受け止めてくれる人がいる。その話し手の中には、中学一年生の少年もいました。彼は、自ら体験した芋掘りを事例に地産地消の話題を提供してくれ、大人たちがその話をしっかりと受け止めてくれていました。参加された人が、年齢や立場を超えてフラットに参加でき、その一人一人が活き活きした時間を過ごせたと同時に、まちライブラリー@大阪府立大学の在り方を共有できたと思っています。

小さなホームパーティーやカフェでの勉強会のように、個人の力でやることを積み上げていけば大きな力になり得ることを、私はここで証明したかったのです。最初から五〇〇人という人数を集めようとすれば、それなりに広告費用が必要なのではなかろうか、対応するスタッフが必要なのではなかろうかと、いろいろなことが想定されて、結果として組織やお金がないとダメだということとなります。こういった想定からしぼんでいくプロジェクトがいっぱいあります。

むしろ逆張りで、集めない。数名でもいいからお声がけをして、その人たちと楽しい時間を過ごす二日間をつくりたいと考えただけのことなのです。

遠くからも参加者が来て、本の前で熱い議論をし、お酒や料理を味わい、音楽の会もあるという、新しいタイプの図書館にふさわしいお祭りができました。

まちライブラリー＠大阪府立大学　第１回植本祭

6　市民参加を促進する「まちライブラリー@大阪府立大学」の仕組み

ここで、まちライブラリー@大阪府立大学の仕組みについてご説明しましょう。

まちライブラリー@大阪府立大学は、原則、会員制のライブラリーです。利用するにあたっては、会員登録をする必要があります。会費は、無料です。ただし、館内に入館するのにＩＣカードが必要で、そのカード実費が必要になります（二〇一四年現在、三千円）。

次に、会員は、この場所を使って、自分が主催するカフェと呼ばれるイベント（一〇名以下）を実施します。原則、届出をすれば誰でも実施することができます。場合によっては、飲食も可能です。そして、イベントを実施するごとに、イベント参加者も主催者も、寄贈する本を持ってくることになっています。その本は、イベントごとに定められた本棚に配架することになるのです。その時、一冊ずつまちライブラリーの感想カードを書いてもらいます。

また、本以外のオブジェ、たとえば日本酒の話なら一升瓶なども本棚に陳列してもらうよう、お勧めしています。他の人が、本棚を見ればすぐにどんな集まりかわかるようにするためです。

このように本棚をイベントチームごとに割り振って、育てていってもらうのが、まちライブラリー@大阪府立大学の特長の一つです。本棚がたくさんあるのに蔵書はないことを逆手に取って、編み出した方式です。ニット編みのこと、オーストラリア南東の島タスマニアのこと、

まちライブラリー@大阪府立大学

歴史や地域社会のこと、思い思いに立ち上げたグループが本棚を埋めていくのです。

よく図書館関係者の中では、市民交流という話題が出てきます。まちライブラリー@大阪府立大学は、本当の意味で市民がつくり上げた図書館であり、交流センターであり、運営センターです。

市民が自分でつくらなければ参加は生まれない。自分たちがどれだけ主体的に、我がこととしてプロジェクトをハンドリングしていくのか。自らの家の中のことを自らやるのは当たり前のように、パブリックの場所であっても自らが参加することによって、その場所が我が場所になり、我がことになっていく。そういった活動を、図書館が市民参加を生み出す一つの工夫として、今後も採用していくべきではないでしょうか。

グループが集まるたびに本が集まり、最終的には多くの本が集まっていく場所になるという夢を持ちながらスタートしたまちライブラリー@大阪府立大学。一年半で七千冊以上の本が集まり、千人以上が会員になったことを考えても、大きな力が生まれつつあると考えています。

7　学生がつくったまちライブラリー@中百舌鳥キャンパス

一年間のまちライブラリー@大阪府立大学の活動を振り返って、一つ大きな課題が解決されていませんでした。それは、学生を含めて学内での利用者が増えないことでした。

大阪府立大学の本キャンパスは、大阪府堺市中百舌鳥を中心に他二ヶ所に分かれています。他の二ヶ所もそれぞれ羽曳野市やりんくう地区など都心とは離れており、なんばにできたサテライトまで学生が来るのはまれなことです。

この問題を解決するためにも、学生をなんばのまちライブラリーに呼ぶのではなく、まちライブラリーを中百舌鳥のキャンパスにつくることを提案しました。ただこれを私や外部の人間が主導的にやってしまうと学生にとっては他人事となってしまい、結局は仏作って魂入れずになりがちです。

そこで、学生の中からまちライブラリーをつくってみようという気概を持って動いてくれる人を探すことから始めました。大学に新入生が入ってくるころを見計らって、まちライブラリーの説明会を二回ほど開くことにしました。一〇名近い学生が集まってくれて、その中から何名かが応援してくれることになり、どんなまちライブラリーにするのか、アイデアを出し合うワークショップも開催されました。

大阪府立大学は、どちらかというと理系の学生が多くて、キャンパスの研究室に席がある学生がほとんどです。研究室を越えて学生同士が出会う機会は少ないので、まちライブラリーを通じて他の専攻の学生と出会いたいとか、自らの研究を知ってもらいたいとか、いろいろな意見が出てきました。

次に、キャンパスのどこにまちライブラリーをつくるかが課題になりました。これも学生同士で検討してくれました。結局、図書館が入っている建物で、ラーニングコモンズにも近い建物のエントランス広場に設置することを決めてくれて、そこに本棚を置くことにしました。

肝心の本棚ですが、これを学生同士でつくることにしようと言ってくれたので、以前、ＩＳまちライブラリーでつくった方法で、無垢の杉板を買ってきて、みんなでつくることにしました。キャンパスの木立の下で、木を切り、釘を打ち、箱を組み立て、半日くらいでりっぱな本棚が完成していきました。ガラスとコンクリートでできたスタイリッシュなエントランス広場に、杉の木でできた手作りの本棚が完成しました。遠目に見てもそれなりに温かみのある空間が出現しましたので、その場所で「植本祭」をやって本を集めようということにしました。

「夢について語ろう」「留学生から聞こう」「大学職員さんから話を聞こう」など、学生にとって関心のある話題を選んでワークショップをしました。マンドリン部の演奏も加わり、このイベントには社会人も参加して、世代を超えたワークショップが実施されたのです。このようにして「まちライブラリー@中百舌鳥キャンパス」は誕生しました。

これから学生さんたちが、どのような企画をし、どのような活動が展開されるのか楽しみです。広いキャンパスの中にある小さな場所ですが、学生が自主的に企画をし、集う、大きな夢のある場所が誕生したように思います。

まちライブラリー@中百舌鳥キャンパス

8 大学「蔵元」、市民「酵母菌」、私「杜氏」

一年間でサンプルをつくるから、その上で判断してくれと学長に言い切ったものの、はたして成功するかどうか、心中では自信半分、不安半分のスタートでした。結果的には一年を通して多くの方々から注目され、実際の利用も順調に伸び、本格的な大学サテライトキャンパスとしても、他に類を見ないものになったと思います。

Ｉ－ｓｉｔｅなんばのコンセプトであるIntegrate, Inspire, Initiate に沿った、知的交流の場所にしようという大学の夢が、徐々に実現しつつあるのではないか。しかも、まちライブラリー@大阪府立大学を交流ゾーンとしてつくったために、多くの市民がそこを自分の場所として使うようになったことは、今のところ、成功と評価していいと思います。

この成功はどこから生まれたのか。私は、引き算の成功だったと思います。大学は、まちライブラリー@大阪府立大学を自力でやるより、私を含めて外部に依存した方がよいと判断し、半歩下がり、必要以上に大学の人が出しゃばって、運営の方針や中身について口出しをしなかった。同時に、参加者の方もお金に関しては最初からないものだ、お金はできるだけ使わないようにしていこう、自分たちの手弁当でできるだけ回していこうという精神が浸透したのだと思います。

つまり、何かをやるにあたって、まず金からという発想ではなく、何をやりたいのか、やりたいことを明確にし、それを我がこととして受け止める人が現れて、必要ならリスクを負担する流れが生まれてきたのが、一番大きな成功の要因だったと思います。

具体的には、ライブラリーカフェと呼ばれるものがあります。ライブラリーカフェでは、講師がいても講師料を払うわけでもないし、行われるイベントについてスタッフがお世話するわけでもない。参加したメンバーが、自分がやりたい活動を持ち込むことによって、年間一五〇回以上のイベントが行われました。しかも、たった一人の受付スタッフがいるだけで成し遂げられたことが、大事なポイントだったのではないかと思います。

なぜそういうことが可能になったのか。私はよく「発酵」にたとえて説明しています。大きなイベントをやろうとすると、大きな組織の力が要ります。組織の力が必要なところには、お金も必要になります。結果として行政や大きな企業がサポートしないとイベントが成立しないということがままあります。多くのまちづくりや地域づくりでそういう事例がたくさんあります。よしんばお金が集まっても、それを何年にもわたって継続的に集めることは、きわめて難しいと思います。

逆にまちライブラリー@大阪府立大学では、やれる人がやれるだけのことをして、やれないことまで無理をしない引き算の発想が生まれたのです。

これを私は、蔵元の思想だと思っています。蔵元は、その場所にある自然の恵みで酒を造ります。神様の恵みとして酒を造らせていただいていると考えるべきです。その場にあるお米と水と酵母菌が、大切な要素なのです。

まちライブラリー@大阪府立大学で言えば、大学が大きな蔵元の役割を果たし、その蔵元の力の範囲内の協力をしてくれました。

実際にそこで生まれる活動は、参加した市民一人一人が自らのライブラリーとして、自分のやりたいことをやる場所だと位置づけられています。これは参加者、一人一人が酵母菌になったようなものだと思っています。酵母菌による発酵でお酒が生まれて、それをみなさんがおいしくいただいているように、まちライブラリー@大阪府立大学では、よい発酵が生まれている最中なのではないでしょうか。

強いて私の役割をいうならば、杜氏です。おいしいお酒を造るための水と米と酵母菌の配合を調整し、適度な温度と適切な時期での収穫を試みるような仕組みをつくったにすぎません。プロデューサーとは違います。あくまでもお膳立てをうまく利用してくださった、市民同士のコラボレーションのたまものではないかと思っています。

こうした流れはこれからもどんどん生まれていくべきでしょう。それぞれが、必要以上に無理をしない、しかし人に頼らないで自分の力で歩いていく自律的な相互関係性をきちっとつくっていくことが大切だと思います。

立命館大学が二〇一五年四月に開設する大阪府茨木市のキャンパスでも、まちライブラリーが計画されています。そこでも、大学関係者が平場で市民とどれだけフラットな関係で協力し合えるのかが、成功の鍵だと思っています。

大学と参加者の発酵するような関係が生まれれば、まちライブラリー@大阪府立大学のようにうまくいくのではないかと期待しています。大学の、聞く耳を持つ謙虚さと心の広さが問われる時代なのかもしれません。

第5章

個人の力が突き抜けたマイクロ・ライブラリー

1 小さな私設図書館、集まれ！——マイクロ・ライブラリーサミット

二〇一三年一月、まちライブラリーの活動をしている仲間から、まちライブラリーと似たようなことを渋谷のはしご図書館としてやっている人たちがいると聞きました。同時期に、リブライズという、インターネット上で蔵書を登録する活動をしている人たちがいることも知りました。

渋谷のビルの一角にある co-ba library という、コワーキングスペースを主体とした場所に行ってみました。主宰者である中村真広さんが、専門の建築設計を生かして空間を魅力的に改造し、若者の働く場所を展開しています。中村さんは、期間限定で企業のスポンサードを得て、「はしご図書館」という、渋谷のあちこちに小さな箱形図書館をつくる、まるでまちライブラリーのような活動をされていました。

彼と話をしている最中に、本離れをした若者も、こうやって本の世界を使いながら人とのネットワークをつくっていこうとしているのだなと思い、こういった活動をしている人は全国にいろいろなかたちでいるだろうと感じました。それで、私はとっさに、小さな図書館、つまりマイクロ・ライブラリーを主眼にしたサミットをしませんかと提案しました。中村さんも二つ返事でぜひやりましょうと言ってくれました。

渋谷で「はしご図書館」を展開する「co-ba library」

翌日、リブライズの拠点である下北沢オープンソースＣａｆｅに行き、河村奨さんと地藏真作さんの二人に会いました。二人の活動は、今まで隠れていた本棚を図書館のように顕在化し、それをインターネット上に紹介して、多くの人に見てもらえる工夫をしています。この二人にもマイクロ・ライブラリーサミットをやりませんかと言ったらぜひやりましょうとなりました。

ただ、私にとってそのときはまちライブラリー＠大阪府立大学の開館直前で最も忙しい時期でもあり、二兎を追うようなものでした。四月まではどうにもマイクロ・ライブラリーサミットには着手できなかったのですが、四月に入りまちライブラリー＠大阪府立大学が開館して一段落ついたところで、一気にサミットをやる準備に取り掛かりました。マイクロ・ライブラリーサミット実行委員会を立ち上げ、下北沢オープンソースＣａｆｅに集まって夜な夜な企画を考えました。

マイクロ・ライブラリーの十分な定義はできていませんが、少なくとも個人の力で、自分の蔵書か仲間が持ち寄った蔵書を中心に活動している小さな私設図書館を、マイクロ・ライブラリーと呼んでいます。貸し出しをするところもあればしないところもあるし、ミカン箱よりも小さいところもあれば、大きな本棚になっているところもあります。

従来、図書館というとどうしても公共図書館や大学図書館に注目が行きがちで、私設図書館は趣味人のやっている活動だろうと、深く考察されたことがないように思います。その埋もれ

「リブライズ」の拠点となっている「下北沢オープンソースCafe」

てしまっている私設図書館をできる限り顕在化して、いかに大事な活動であるかということ、これからの時代にとても大きな意味があることを認識してもらうために、まちライブラリーの枠組みを超えて連携する必要性を感じたのです。

何よりも、一人でこつこつとやっていると、どこか不安になってきます。私もまちライブラリーを始めたころは、はたしてこんなかたちでいいのだろうか、意味のあることを続けているのだろうかという疑問がわいてきたものです。個人で活動している人たちがお互いに連携し、認め合うことによって、どれだけ背中が押されるか、自分の体験からも十分わかってきていました。

同時に、それぞれがいろいろな創意工夫をしておもしろいことをやっていますが、考えたり経験したりしたことが、あまり共有されていないように思います。こちらで成功していることをあちらに適用できるかもわからないし、こちらで失敗したことはほかでも参考になる可能性があるので、他人の経験を共有していくことが大事でしょう。

そこで二〇一三年八月二四日に、全国から特段おもしろい私設図書館をしている人に、まちライブラリー@大阪府立大学に集まってもらうことにしました。北は岩手県大槌町から西は島根県松江市まで、一五の小さな図書館を主宰している人と二つのユニークな本屋さんに集まってもらいました。

マイクロ・ライブラリーサミット2013　開会の挨拶

マイクロ・ライブラリーサミット2013　会場風景

2 亡き妻への思いをまちぐるみで支える図書館

島根県松江市に、曽田篤一郎文庫ギャラリーという私設図書館があります。初めて訪問した折、曽田篤一郎さんがつくったものだと思っていましたが、実際は米田孟弘さんがつくられたライブラリーです。

米田さんの奥様が本好きで、奥様のおじいさんも本好きでした。このおじいさんが曽田篤一郎さんです。奥様がおじいさんの家を整理しているときに、「この家は本が宝だね」と言い、いつかは宝の本を生かしたいねと夢を語っておられたそうです。ところが奥様が、退職後、三年でお亡くなりになったのです。そして奥様の遺志を受け継ぐべく、米田さんが奥様のご実家である場所を図書館にしたのです。

米田さんは家を改造するだけでなく、毎月新しい図書を購入し、受付に人を雇い、年間二〇〇～三〇〇万円もの私財を投じて運営されていたそうです。

ところが米田さんがご病気になり、いよいよ自分の不自由な体では図書館を維持しきれないので、利用者に閉館を申し入れました。すると利用者の方々が、それは松江市にとって大変な損失になる、松江市のためにもなんとか支えなければならないと、曽田篤一郎文庫応援隊を発足させ、現在の運営体制が生まれたのです。

曽田篤一郎文庫ギャラリー

応援隊の人は、何度も会議を開き、いろいろな方のアイデアを持ち寄り、とりあえず金銭的な支援をしようということで年会費二千円を一〇〇口以上も集めました。

また興味深いのは、図書館への寄贈本を募り、重複して集まってくる本や図書館にふさわしくないと思われる本を、どんどん市中で売って、運営経費を生み出していることです。売る場所も、ホテルのロビーや土産物店やカフェなど、市内一〇ヶ所ぐらいに広がっています。

図書館の運営も福祉団体にお願いしています。図書館にしている曽田宅の一部を福祉団体に貸し出し、その団体の事務所としてもらい、ハンディキャップのある人たちが本の整理などをし、その監督者である健常者が受付を兼務して、運営コストをできるだけ福祉団体に持ってもらい、コスト削減をしています。

ここにも一歩引き下がった考え方が生まれています。すべてをやりきるのではなく、誰かの力を借りて、お互いに不足しているところを埋め合っているのです。誰かが支え合う構造が生まれています。

ここに、図書館の原点があるように思います。この図書館は、大きくはありません。しかし松江市にとって、とても大きな文化施設になっていると思います。

ここまでできたのは、ひとえに、米田さんの亡き奥様への愛情と行動力に、みなさんが共感したからでしょう。そして、応援隊を組織され、理事長をお務めになっている宍道勉さんや事務局長の伊藤誠さんたちの利他的な行為があったからだと思います。本が好きだ、本を読む人が愛おしいという気持ちの連鎖がなされたのかもしれません。その意味で、この図書館は、奇跡の復活を遂げました。

私が最初にここを訪問したのは、午後四時の閉館時間の後でした。中でお話を伺っていると、ガラッと玄関の開く音がしました。小学生が飛び込んできて、「本を返しに来たのだけれど、まだ借りられますか?」という声がしました。元気な男の子の声です。応援隊の理事長をされている宍道勉さんが、「いいよ、上がって見ていきなさい」と返事をして、返す本を受け取っておられました。男の子は、しばらく本を選んで五冊程度借りて帰っていきました。この図書館は、生きているな、と感じました。さらに継続的な運営がなされることを期待したいです。

3　森をつくり、本を集め、大震災を乗り越える図書館

岩手県上閉伊郡大槌町に、「森の図書館」があります。ベルガーディア鯨山というオープンガーデンをやっている佐々木格さんご夫妻が開いた私設図書館です。

佐々木さんはもともと釜石市の鉄鋼会社にお勤めでした。早くにリタイアされ、田舎生活をやろうということと、その田舎生活を他の人にも体験してもらおうと、ベルガーディア鯨山を

つくったそうです。

二〇一三年七月、池袋から夜行バスで約七時間かけて釜石市まで行き、そこからレンタカーで二時間余りドライブをして、大槌町にたどり着きました。

大槌町を含め、岩手県の海岸地域は多くが津波の被害に遭い、多数の犠牲者が出ました。甚大な被害がなお残っています。しかしベルガーディア鯨山に着くと、イギリスの田園地帯に来たようなすてきな森があります。山の開墾から全部お二人の手作りです。バラが咲く庭園にはカフェやハンモック、ツリーハウスなどがあり、その場所自体がまるでメルヘンの世界に溶け込んだような空間になっています。

石造りの森の図書館は、その中心にあります。石組みもきわめてご苦労されたようです。雑割石と呼ばれる、切り込みが不十分な石を石屋からもらってきて、何万個も自らの手で運び、一つ一つの石を削り、それを運び積み上げていったそうです。

積み上げも簡単ではありません。股下あたりまでは、手で積み上げます。それ以上は、滑車を組み立てて上に持ち上げます。しかし、ここでそれを下す時に本来なら相方が必要です。佐々木さんは、一人です。そこで足場をつくって、そこに上がって、さらに下しながら積み上げていきます。つまり、上がったり、下がったりしながら積み上げていったということです。そして鉄筋を入れて、型枠にコンクリートを流していくのです。完成した石の図書館は、とても一

ベルガーディア鯨山にある「森の図書館」

人の力で造り上げたとは想像できないような、立派な建物です。しかし、こういったものを一人の力でつくられていることに、衝撃的な驚きを感じたものです。

石組みの建物が六割ぐらいできたところで、東日本大震災が起こりました。最初は、奥様が児童教育に関心があったので、子どもの教育施設にでもしようと考えられていたのですが、図書館もない、本屋もない、学校もない環境の中で、子どもたちに少しでも本の世界に触れてもらおうと、石造りの建物を絵本や児童書が集まる図書館にされたのです。その後、東京の出版社から児童書の寄付を受け、その寄付を元に、全国から児童書がどんどん集まってきているそうです。

本を読み終えても、ベルガーディア鯨山の森の中で少しでもメルヘンの世界に浸れる時間をつくることによって、傷ついた子どもたちの心がどれだけ癒やされるかを、佐々木さんはいつも気にされています。

この森の一角に、佐々木さんのいとこが亡くなったときにつくられた「風の電話」がありま す。この「風の電話」は、いとこの死を悼んで、いとこのための電話ボックスとしてつくられたのですが、震災後、この場所が亡くなった方との対話の場所となっています。新聞やテレビで紹介されると多くの遺族がそこを訪れて、亡くなった方との心の対話の場所にされています。

白くて瀟洒な電話ボックスの中は、黒い電話が置いてありますが、外にはつながっていません。その横に「風の電話」と書かれたノートが、置いてあります。

「何回もお母さんの携帯に電話したが、つながらない。ようやく見つけたお母さんだったけど声が聞けない。今日、ここに来て、ようやく話ができた」。肉親の方を失った切実な気持ちが、書かれています。最後に多くの人が「佐々木さん、ありがとう！」と書き添えられているのが、印象的でした。

佐々木さんがここでやろうとしているのは、亡くなった方との対話を含め、本の世界、メルヘンの世界の中で、心が傷ついた人たちが少しでも日常の苦しみを忘れられる場所を提供することだと思います。公的な援助を求めず、できることをすべて自己資金でやっている佐々木さんに、頭が下がる思いです。

佐々木さんご夫妻をマイクロ・ライブラリーサミットにお招きしたのは、マイクロ・ライブラリーサミットで伝えたいことの柱の一つを見事に体現されていることにあります。個人の思いが、地域や社会を変える。ただこの一点です。このように突出した図書館に見えるものも、個人の思い、個人の力の積み重ねによって生まれているのです。

風の電話

4　幼いころに体験した児童図書館を引き継いだ姉妹

大阪市阿倍野区に児童書を中心とした私設図書館「もものこぶんこ」があります。大阪市営地下鉄、昭和町の駅を降りてすぐの住宅街の中にあります。小さな間口は、元店舗だったような雰囲気を残しており、奥行きの深さを利用して壁一面に本棚が設置され、ぎっしりと児童書が配架されています。一番奥には畳敷きの部屋もあり、そこで読み聞かせもされているとのこと。

初めてもものこぶんこを訪れた時、ここの図書館の主宰者である河野美苗さん、美咲さん姉妹が、地下鉄の駅まで迎えに来てくれました。美苗さんが、妹の美咲さんの車椅子を押して迎えてくれました。正直、お二人とも若く、また車椅子の妹さんと一緒に図書館活動をやっておられるとその時初めて知り、驚きました。道すがら挨拶をし、図書館を始めた経緯や動機などをお聞きしながら、もものこぶんこの誕生のいきさつを知ることができました。

河野姉妹が小学生時代、近くに桃山学院大学が運営されていた児童図書館「ももやまぶんこ」があり、お二人で熱心に通っていたそうです。

その「ももやまぶんこ」が、建物の老朽化もあって二〇〇四年に廃館になることになり、当時、「ももやまぶんこ」の司書をやっておられた方と、なんらかの形で存続できないか、阿倍野区役所に相談されました。当時の担当の方は、その蔵書を区役所の施設を利用して保管し、閲覧できる仕組みを考えてくださったそうです。しかしながら、担当者が変わって、保管していただいた蔵書もすべて持ち出さなければならないことになり、河野さんと知人の方が中心となって現在の地を賃借して、「もものこぶんこ」と名称も改めて、移転することを決断されました。残念ながら、現在地に移転する直前に、一緒に活動をされていた司書の方がお亡くなりになられたそうですが、他のたくさんの仲間に支えられて、二〇〇八年、現在地に「もものこぶんこ」として開設に至ったとのことです。

原則、毎週火曜日の夕方と土曜日の午後に開館し、近くの子どもたちに利用されており、同時に「おはなし会」を、その場所や他地区でもやっておられます。

二〇一三年八月、河野姉妹は、マイクロ・ライブラリーサミット二〇一三で、活動の発表をしてくださいました。発表の最後に、妹、美咲さんが、何をやってもうまくいかないカバを主人公にしたお話『ぼちぼちいこか』を読み聞かせしてくれました。読み聞かせというより朗読です。お姉さんの美苗さんが掲げる絵本を背景に、大きな声で話をしてくれたのです。大阪弁の絵本で、美咲さんの声が会場に広がると、みなさん静かに聞き入っていました。

大学が運営されていた「ももやまぶんこ」の熱心な利用者であった美咲さんが、一三歳の時に病気にかかり、言葉や身体が不自由になりながらも、もものこぶんこの活動に一番熱心だっ

もものこぶんこ

たそうです。姉の美苗さんも妹と一緒だからここまで頑張って続けることができたのだと思います。

二〇一四年五月、昨年のサミットの様子を本にし、『マイクロ・ライブラリー図鑑』(拙著、まちライブラリー文庫)として出版できました。本が、河野さんご姉妹の家に届いた日、美咲さんは亡くなりました。二九歳の若さでの死です。残念でなりませんでした。せめてお棺の中に本を入れて、ゆっくり読み返してほしいと思い、一冊持ってお通夜に駆けつけました。お姉さんの美苗さんは、肩を落として、こう語ってくれたのです。

「昨年のサミットの時、みなさんからいただいた名刺を美咲は、帰りの地下鉄の中で何度も見て、生きていて一番楽しかったと言っていました。こんなにうれしそうにする美咲を見たのは初めてで、今でもその笑顔が忘れられません。彼女にとって『もものこぶんこ』と『マイクロ・ライブラリーサミット』に出られたのが、生きた証でした」。

児童書の図書館が、世代を超えて受け継がれてできた「もものこぶんこ」。さらにここに美苗さん、美咲さんのような本を愛する人の花が、もっと咲くようにと願ってやみません。

河野美苗さん（左） 美咲さん（右）

5　マイクロ・ライブラリーを始める動機と目的

このサミットを通じて、マイクロ・ライブラリーサミットに参加していただいた各図書館がどうして始まったのか？　どういう動機で始めたのか？　何を大切にしているのか？　私なりに分析をしながら、マイクロ・ライブラリーが、どういう役割を持っているのかを、もう少し考えてみました。まちライブラリーをはじめ小さな図書館をこれから始めようとする人のご参考にしていただければと思います。

まず、私が出会った数々のマイクロ・ライブラリーを、始めた動機やきっかけで、五つに分類してみました。

動機やきっかけを中心に分けたのには、理由があります。何かを始めたい時に、一番大切にしているものが何かを、自問することがとても大切だからです。もちろん、完全には分類できません。人の動機はさまざまで、いろいろな思いが詰まっているからです。

しかしあえて、似た動機や目的別に分類して考えてみると、それぞれが本当にやりたいことが何かが、少しだけわかってくるのです。そしてみなさんにとって本当にやりたいことを見つけてほしいと思います。

◆分類1　まちの図書館をつくって本を貸し借りできる環境を大切にしている人たち

一つは、図書館の機能を重視しているタイプです。つまり公共図書館の役割を、私設図書館でも果たそうとしている方々です。

これには先ほどご紹介した「曽田篤一郎文庫ギャラリー」や「もものこぶんこ」が当てはまります。他にも、まちライブラリーの仲間である「わたしの図書館　ミルキーウェイ」などが挙げられます。

この図書館は、和歌山市内のぶらくり丁商店街に、市が商店街活性化のために若者の交流と教育の場を目指してつくった「みんなの学校」の一角にあります。元電器屋さんだった建物を改装して、一階が交流ステーション、二階に会議等ができる場所がつくられ、地下室を利用して、二万冊の蔵書を擁した私設図書館があります。

もともとここの発起人である石田通夫さんは本好きが高じて、企業に勤めながら全国から本の寄付を受けて、私設図書館の運営を大阪府交野市にある自宅でやっておられました。蔵書が増えてくると、自宅近くのマンションを借りて、そこでしばらく運営されていたそうです。

ところが、和歌山へ転勤となり、たまたま和歌山市の人たちと出会っていく中で、和歌山市が商店街活性化の一環として「みんなの学校」を計画しているのを知り、併せて図書館づくりも提案して実現したようです。現在は、市民ボランティアが中心になって運営されていますが、石田さんのコンセプトは明確です。本は、捨てられない。捨てるより、シェアすることが大切だということで、図書館になったのです。

今、石田さんの蔵書は、まちライブラリー@大阪府立大学の「食」の本コーナーにもあります。その数、二千冊。「食」に関する単行本、雑誌、漫画などに交じって、お店のマッチ箱、箸袋、お品書きなどまで展示されています。石田さんの紙に対する愛着を感じます。

千葉県船橋市にも「情報ステーション」という民間図書館があります。岡直樹さんが代表のNPOで、地域づくりの一環として、船橋市内全域に図書館を広げていく活動をしています。現在、船橋市内を中心に二五ヶ所の図書館を展開されています。駅のコンコースから始まり、酒屋さんや、マンションの共用部、パチンコ屋の入口まで、まちのあちこちに展開されています。岡さんたちの夢は、小学校区に一ヶ所、全部で三〇ヶ所に増やすことだそうです。

各図書館の設置者は、設置料と運営料を支払うと、情報ステーションが、図書館の設置、運営をやってくれるのが、一番の特色です。設置料と運営料は、蔵書の規模によって違うそうですが、定期的な本の入れ替えや、蔵書の登録システムも提供されているとのことです。

特色は、シニアの方が受付をしたり、子どもたちが本の整理をしたり、ボランティアの方々が運営していることです。そして館内の本はすべて寄付によって集められています。しかも、

わたしの図書館　ミルキーウェイ

情報ステーション

すべての本の動きを瞬時に検索したり登録できたりするようなシステムを、独自に開発されているのです。

もともと岡さんは、大学でコンピューターの勉強をされ、独自のシステム開発まで行われたのです。現在は、五万冊近い本を管理されており、この管理システムを利用し、将来さらなる市民サービスの展開を企画されているのです。

◆分類2　本のテーマや利用目的を大切にしている人たち

次に、本のテーマや利用目的にこだわった方々がいらっしゃいます。公共図書館では一つのテーマだけに絞って本を集めるのは難しいのですが、マイクロ・ライブラリーでは問題ありません。たとえば、東京都あきる野市には少女漫画だけを集めている中野純さん、大井夏代さんご夫婦がいます。

もともとパソコン通信で少女漫画ファンクラブがあり、その活動の一環として収集することを決意され、それが「少女まんが館」につながります。漫画は、現在でこそ大事な日本の文化だという意識が生まれてきていますが、かつてはどちらかというと読み捨てられてしまうものでした。これでは、少女漫画は散逸して文化として残らないという危機感から始められたそう

少女まんが館

です。館内には五万五千冊を超える少女漫画が収集され、全国から少女漫画ファンが訪れる場所になっています。

東京の都心から遠く離れたあきる野の里に建てられた専用の図書館は、まるで昭和の初期に戻ってきたかのような趣のある建物で、ここを訪れて、少女漫画の世界に浸りに来られる人が、多数おられるとのことです。究極のテーマ志向が、人を吸引している事例といえます。

公益社団法人シャンティ国際ボランティア会がやっている「走れ東北！　移動図書館プロジェクト」もあります。これは東北地方の被災地を中心に、東北の人たちに本を届けようと、移動図書館をやっています。震災の被害に遭われた方に、少しでも生活に潤いをという意図で始められたそうです。

この活動の中心的な役割を担われている鎌倉幸子さんは、かつてカンボジアで図書館をつくる活動にも従事されたそうです。内戦で多くの蔵書を失った国で、少しでも本に触れられる環境をつくろうとされてのことです。両方で出会った子どもが同じようなことを言っていたそうです。「お菓子は食べたらなくなるけど、本はなくならないから好き」。本の持つ大切さを届けている活動ともいえます。

二〇一四年のマイクロ・ライブラリーサミットにお招きした「体育とスポーツの図書館」も、テーマを絞った図書館です。スポーツ関係だけで三万冊の蔵書や資料を集めておられます。中

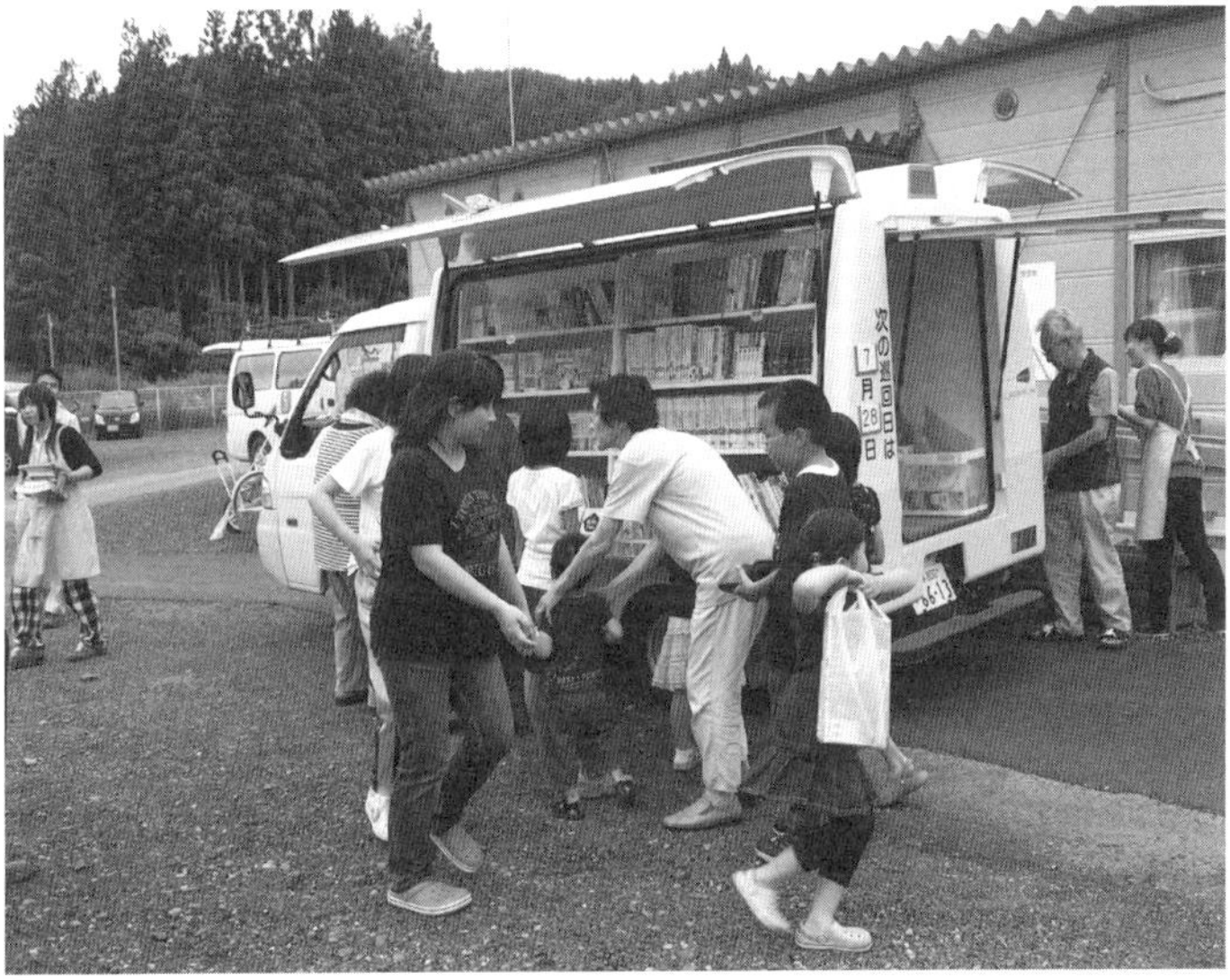

走れ東北！　移動図書館プロジェクト

でも、ラジオでスポーツ中継をされていた方の取材準備ノートが、多数寄贈されているのは圧巻です。もともと、高校の体育教師だった成瀬徹さんが、仲間と一緒に始められたものが、ここまで成長してきているのです。現在では、全国の大学の体育学科の学生が、卒業論文のために蔵書や資料を閲覧に来られるそうです。

島根県松江市にある島根県立短期大学の「おはなしレストランライブラリー」もとてもユニークなライブラリーです。短期大学の学生が絵本や紙芝居を読む練習をし、週に一回、読み聞かせの日をつくっているとのこと。もともと病院の小児科のご依頼で始めた活動が、今では、全学の学生対象の教育カリキュラムの一環として実施されているのです。体育館のある建物の開かずの会議室を利用してつくられた閲覧・収蔵スペースも、今では対象年代別、テーマ別に収集された絵本や、外国の絵本や大型絵本などを多数そろえ、立派な児童図書館になっています。

このようにテーマや目的をはっきりさせていると、それに共感してくれた人たちが、強い支持をしてくれます。しかも、自らを鼓舞しやすいのです。特に森の図書館の佐々木さんのように、誰の応援がなくても、一人もくもくと歩み続ける強さが生まれてきます。始めた人がくじけないためにも大切な視点なのです。

体育とスポーツの図書館

島根県立短期大学「おはなしレストランライブラリー」

◆分類3　利用している場所を活性化するために本を置く人たち

活動の場所を活性化しようというタイプの図書館もあります。最初に紹介した、渋谷のco-ba libraryもそうですし、下北沢オープンソースCafeもそうです。この二つは、コワーキングスペースと呼ばれるシェアオフィスを運営されています。その仲間同士の知識や、持っている技術や活動の様子を紹介する本棚をつくっているのが特徴です。

渋谷のco-ba libraryでは、黒板に本を差し込む本棚がつくられて、本を持ち寄った人が、なぜ持ち寄ったのかなどを書き残しているのが、特色です。単に本を置くのではなく、本を通じて、仲間同士で情報交換をしているようです。

下北沢オープンソースCafeもユニークな図書館です。マンションのガレージをコワーキングスペース兼図書館にしています。主宰者の河村奨さんと地藏真作さんはシステムエンジニアで、すべての本棚を図書館にする「リブライズ」という本を登録するシステムを開発されています。誰もが、図書館のスタッフのように本を簡単に登録し、貸出をするシステムを開発し、提供されているのです。このようにプログラムに精通する二人のもとには、フリーのシステムエンジニアが、仕事場所として立ち寄ってくるようになったのです。それらの人を中心に本の貸し借りをしていく中で、図書館にすることを思いついたそうです。

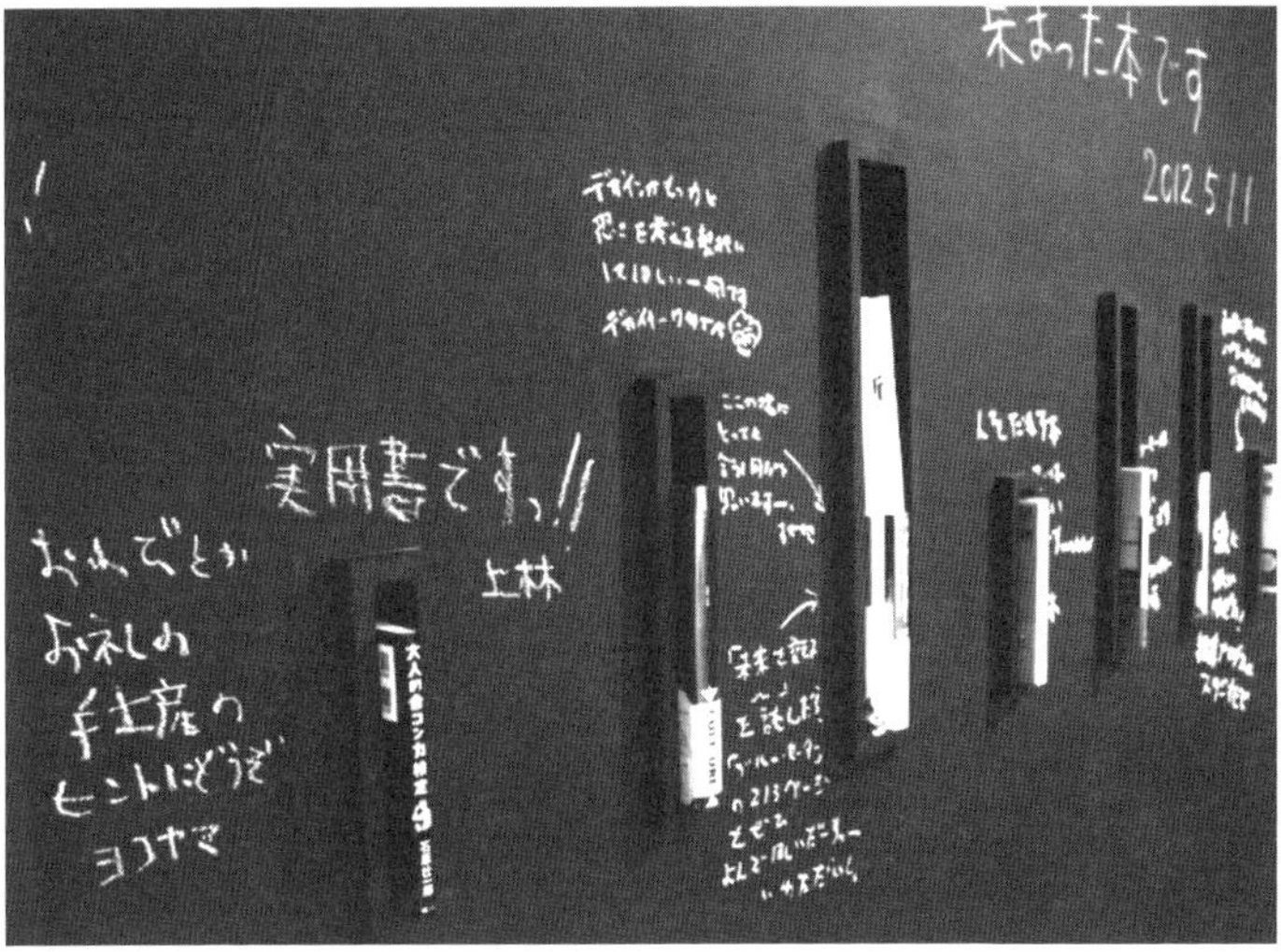

黒板に本を差し込む本棚（co-ba library）

コワーキングスペース兼図書館「下北沢オープンソースCafe」

若者の学び合いの場所にも本棚があります。ここの特色は、それぞれの学習支援などをしていくことです。

京都市の出町柳にあるGACCOHは、三階建ての個人住宅を改装してつくられた、まちの学校であり、図書館であり、シェアハウスになっています。一階には教室が、二階には台所と図書コーナーがあり、三階がシェアハウスになっています。建築家で勉強好きの若者、太田陽博さんが改装したこの家に、本好きの若者、倉津拓也さんが入居して誕生したのが、この図書館なのです。出会いが生んだ図書館といえるでしょう。

医療現場でも図書館が広がっています。

第3章でご紹介した、埼玉県越谷市にある藤田歯科医院や大阪府守口市にある関西医科大学附属滝井病院の中にある透析センターなどが代表的な事例です。医療スタッフと患者さんとの人間関係をつくることにより、より治療や健康管理をしやすくしていると思われます。

このように、本来は働く場であったり、学ぶ場であったり、治療する場であったりする場所も、視点を変えれば、サービスを提供する人と利用者、また利用者同士が出会ったり、共通の興味を発見する場になっていくために、本が有効に働いている。本の新しい可能性を見出せているともいえます。

まちの学校・図書館・シェアハウス「GACCOH」

◆分類4　公共図書館と連携しながら成長する人たち

さらに、公共図書館が主体的な役割を果たしたり、公共図書館の一部を開放したりして、マイクロ・ライブラリーが置かれているケースもあります。

小布施町立図書館では、「おぶせまちじゅう図書館」という活動をやっています。町立の図書館が、あまり大きくないことを逆手に取り、まちじゅうを図書館にしようというものです。前館長の花井裕一郎さんが音頭を取り、土産物屋や酒屋や銀行など、まちの中で賛同者を集めて、二〇一二年にスタートしました。市内一五ヶ所が参加しており、まちを訪れる人が、小さな図書館を通じて、それぞれのオーナーと会話できればということで始まっています。

演出家である花井さんのセンスが光るのは、それぞれの図書館の印を押してもらえるようにパスポート型の手帳を作り、利用者に販売し、また全館共通のフラッグをつくるなど、細かいところでの憎い心配りです。

このような、公共図書館が主導的な役割を果たしている事例としては、北海道恵庭市立図書館がやっている「恵庭まちじゅう図書館」があります。こちらは、二〇一三年にスタートしています。恵庭市では、市民とまちを育む読書条例もつくり、町を挙げて小さな図書館をつくっていく活動をしています。

おぶせまちじゅう図書館

全館共通のフラッグ

伊丹市立図書館では、カエボン部という、まちライブラリーと連携した市民活動もされています。これもまちライブラリーと同じように、寄贈だけで成り立っており、図書館の一階、広場にできた市民図書館ともいえるものです。月に一回、カエボン部のイベントをするときに、本を持ち寄り、本を貸し出しするようにしています。

墨田区ひきふね図書館パートナーズもまちライブラリーをやっておられて、二〇一四年の春から月に一度の集まりで本を集め、貸し出していくイベントが行われています。こちらも、市民のボランティアグループの活動です。公共図書館は、活動の場所を提供しながら、市民との連携をつくっているのです。

従来の公共図書館は、蔵書を用意し、レファレンスサービスや貸出業務をするというイメージでしたが、まちの中に出て本に触れる環境を提供したり、市民に企画や運営に参画してもらったりして、市民と一緒に図書館を育てる方向性に動き出しているところもあります。これからの公共図書館と市民との関係を考えるうえでも、マイクロ・ライブラリーのような動きは大切になってきていると言えるでしょう。戦後、全国各地に誕生した、子ども文庫や地域文庫をやっていた人たちの熱意が、やがて図書館の中に児童コーナーをつくってきたように、官と民、公と私が連携しながら、次世代の読書環境を模索する時代なのかもしれません。

伊丹市立図書館 カエボン部

◆分類5　本で人と出会う、コミュニケーションを大切にした人たち

まちライブラリーも、一二〇ヶ所を超える場所で展開するようになりましたが、この活動が広がる背景を考えてみたいと思います。

まちライブラリーには、もちろん本好きの方も多数参加されていると思いますが、「本」より好きなのは「人」ではないのでしょうか？　本を持ち寄って、お互いの本を紹介する時、今まで見たこともない多様な価値観に出会えます。人はそれぞれとはよく言ったもので、人の好奇心に枠組みはないのです。そういった中で、自ら持ってきた本を紹介した後、他の人がその本を借りてくれたり、メッセージを寄せたりした時のうれしさは、たとえようもありません。自らの存在が、周りに受け止めてもらえる感じになるからです。この喜びを味わった人が、まちライブラリーでは、たくさん生まれています。誰か一人でも、自らの価値観を共有してくれる喜びなのです。

この喜びこそが、まちライブラリーが増え続ける原動力になっていると思います。本を大切にする気持ちと、価値観の合う仲間と同じ場所にいる充実感、社会的な活動で役割を果たせているという参加意識。そして他の誰かが、見守ってくれている、背中を押してくれている安心感なのです。

まちライブラリーは、誰でも、どこでも、いつでも始めることができ、その仲間を発見しやすい仕組みなのです。まさにコミュニティをつくるために最適な方法が、生まれつつあります。これからも参加する人が、増えるでしょう。そしてその人の数だけ、新しいまちライブラリーが生まれていくことになります。誰のものでもない、自らの存在感を感じられる、そしてそれを受け止められる人がいる。メッセージのキャッチボールが始まりだしているといえるでしょう。まちライブラリーは、人との出会いを期待した、マイクロ・ライブラリーといえます。

6 世界につながるマイクロ・ライブラリーのネットワーク

二〇一四年五月、アメリカのウィスコンシン州ハドソンという町に行き、「リトル・フリー・ライブラリー」という活動をしているトッド・ボルさんに会ってきました。

リトル・フリー・ライブラリーとは、二〇〇九年から始まった、巣箱型の小さな本箱を家の前に置いて、図書館にしていく活動です。ボルさんのお母さんがとても本好きで、お母さんの本を愛する気持ちと、本を子どものころに読み聞かせてくれたお母さんの気持ちをくんで、お母さんが亡くなった後に、第一号の巣箱形の本箱を作って、家の前に置きました。

そこには自分が持ってきた本でも近所の人が持ってきた本でも置くことができ、自由に本を持っていくこともできます。持っていく人は、そこに返してもいいし、自分が他の人にお勧めしたい本を新たに置いていくこともできる、自由なライブラリーです。

ボルさんが二〇〇九年に初めてつくったものが、現在では全米五〇州、世界七五ヶ国、二万ヶ所にまで広がりつつあります。図書館ネットワークとして非常に大きなものになっています。当初のボルさんの目標は、二五〇九ヶ所に置くことだったそうです。これは、図書館の父と呼ばれているアンドリュー・カーネギーさんが、全米でつくった図書館の数です。

現在二万ヶ所を超えたので、次の彼の目標は、四万ヶ所だそうです。マクドナルドの店舗数と同じくらいです。全世界に多くの小さな図書館をつくって、一人でも多くの人が本に触れることを、目標にしています。

リトル・フリー・ライブラリーの特徴は、前庭に置く本箱を、近所の人や仲間と一緒につくりながら広げていくことにあります。

私も何ヶ所か事例を見ました。それぞれのデザインや形、大きさが、オーナーの趣味や感性によって違いが出ていて、それが非常に誇らしげに置かれているのが印象的でした。中には本箱の扉を開けるとオルゴールのメロディが鳴るものもあり、日曜大工でもおもしろいものがつくられています。

ここまで伸びた最大の理由は何か。参加者の声によると、一〇年同じ場所に住んでいても、

トッド・ボルさんと巣箱形の本箱

一〇年間で会った人数よりも、巣箱形の本箱をつくってからの一週間で出会った人数のほうがはるかに多い。アメリカでも地域のコミュニティが少なくなってきている。そういった生活に、巣箱形の本箱が近隣とのコミュニティを再構築しているそうです。

そして、アメリカでは、本を買えないような家庭が多くある中で、子どもたちに少しでも自由に本を読むことができる環境をつくることが、ボルさんの夢のようです。

地域のコミュニティをつくっていこうというところでは、まちライブラリーと通ずるものがあります。日米の環境の違いはあるとしても、ボルさんと私で、世界にこういった小さな図書館活動が広がっていくように協力関係をつくっていこうということで、二〇一四年のマイクロ・ライブラリーサミットにお招きしたのです。

7　個人の時代、世界は個から始まる

公共図書館は日本に三千ヶ所以上ありますが、私設図書館がいったい何ヶ所あるのか、どういったかたちで役割を果たしているのか、誰も状況を把握できていません。しかし、状況が把握できないからその役割が小さいとは言えず、むしろ私設図書館が社会で果たしている役割は、どの時代においても大きなものがあると思います。

こうした個人の活動をいかに顕在化するか。そして、相互に応援し、社会全体で温かく活動を支えていくことによって、地域社会の未来が大きく変わっていくような気がします。私設図書館活動を理解してもらうためにも、マイクロ・ライブラリーサミットを可能な限り、続けていきたいと思っています。

いろいろなマイクロ・ライブラリーが、誕生しています。昔からこのような活動はありましたが、本がより身近になり、当たり前の存在になり、そして逆にその存在が有り余るようになって、本離れが生まれたと言われるこの時代にまた増えてきたと言えます。その行方を見続けることは、今後の我々の生き方を考える上でも大切ではないでしょうか？

私が申し上げたいのは、一つ。「個人」は、「組織」より大きなものを生み出しうる情熱を持ち得ているということです。

なぜなら、「組織」で何かをやろうとすると、必ず合議が必要になります。人それぞれの思惑が違いますから、調整して結論を得ようとします。これは大切なことですが、同時に個人の情熱も調整されます。妥協が必要だからです。その点、「個人」を立脚点にしている活動は、その思いが突き抜けているのです。何か新しいことをやる時には、この突き抜けた思いが必要な時もあります。そして、その思いを持った自立した「個人」が連帯すると、社会で大きな力になりうるということです。

ちなみにマイクロ・ライブラリーのロゴマークは、「アリ」にしました。仲間と企画を考えているときに思いついたのです。最初は、まちライブラリーのマークが「タコ」で、こっちは「アリ」だと、軽く考えていたのです。しかし、「アリ」は、踏みつけられそうに小さくても、集団でコツコツと地下に巣穴をつくって生活をしている。決して地上からは見えないけれど、森や林の生態系を保つ役割もしている。まさに「マイクロ・ライブラリー」のマークにふさわしいと感じているのです。「個」の力を信じて前に進もう！　という気持ちです。

終章　まちライブラリーの「哲学」

――ここから何が生まれつつあるのか?

1　小さい鍋と大きな鍋――〝発酵〟の文化を思い出そう！

私は、いまの社会は、大きな火力を使って、大きな鍋でシチューやカレーを煮ているようなものだと感じています。鍋も、台所のコンロに置ける程度の鍋であればいいのですが、家ほどの巨大なものになると、外からの火力で中の具材を温め、おいしいカレーやシチューをつくるのが難しいことは、誰でもわかると思います。

しかし、こうしたことはよくあります。より大きな物事を成し遂げるには、より大きな力を出せばできるといった勘違いがある。ましてや、大きな鍋同士をくっつけてさらに大きな鍋にして、もっと大きな果実が得られることはありません。しかしながら、実際にはA市とB町を合併したり、C会社とD会社を合併したりすると、よりよいものが生まれるかのような錯覚を起こしているのです。

おいしいものにするためには、中身の具材が、それぞれおいしいものに変質していく必要があるのです。そこで参考になるのが、第4章で述べた、酵母菌なのです。

大きな鍋の中に酵母菌を入れて発酵すると、おいしく変質するものがたくさんあります。日本酒はもちろん、納豆や味噌など、発酵を利用しながら、物を変質させ、自分たちの生活にとって役立つものにしていく知恵が、日本の文化にはあります。

我々の社会でも、大きなものを力ずくで変えるのではなく、中にいる一人一人が変わっていくことで、いいものに変えていくという方法があると思います。まちライブラリーは小さな力ですが、そこに参加する一人一人が変わることによって、全体として、いいまち、いい地域に変わっていくことを目指しているのです。

2　あなたが変わるとまちが変わる

まさに、あなたが変わるとまちが変わるのです。今この本を読んでいるあなたが、今日から何かをしよう、明日から何かを変えていこうということが、ものすごく大きな変化につながっていくと思っているのです。

一〇〇人に一人変わることは、一億人いれば一〇〇万人が変わることになり、大きな力になります。一〇〇万人を雇用し、一〇〇万人に補助金を与えようとすれば、国の力でも、企業の力でも決してできませんが、一〇〇人に一人、おもしろい活動を自分たちでやってみれば、とてつもなく、素敵なものになるのです。それがまちで起こり、国で起こり、大きな力に変わっていく。一人一人の変化が全体として大きな力に変わっていくことを、我々は認識するべきではないでしょうか。

メッセージを付けた本を持ち寄る中で、一人一人の意識が変わっていくまちライブラリーは、あなた自身の社会参画への一歩となるかもしれません。

3 〝まちづくり〟ではなく〝まちを育む〟

よく、まちづくりをしているのだ、まちをつくり変えるのだと声高に言ったり、実行したりしている人たちもいますが、まちは誰かの力によってつくられているのでもなければ、変えられているのでもない。まちはその中から、長い年月をかけて、住んでいる人たちの行動様式や考え方によって、少しずつ変化が生まれているのです。

外見を一気に変えても、実体的にまちに定着していくのには時間がかかります。発酵期間を要するのです。まちはつくっているのではなく、自然につくられているとも言えるのです。

まちライブラリーも、自分が楽しんでやっていると、隣の人に伝播する。さらにその人が、隣へとつなげていく。まちの中がいつの間にか、変わっていくかもしれません。まちをつくるのではなく、まちを育むのもまちライブラリーの目指すところです。

4　人の声を聴くまちライブラリー

我々が人に話しかけるときや発表するときは、誰かを説得しようとか、自分の考えを理解してもらおうと、力が入っていることが多いのです。しかし、そういう時は、相手の声が聞こえなくなります。

まちライブラリーで一番大事なのは、持ち寄った本の発表をすることではなくて、発表し合っているときに耳を傾けることです。人の声を聴くことを大切にしていきたいと思っています。どのような分野の本を持ち寄り、関心を持っているのか。おそらく家族ですら、配偶者や子どもや親がどんな本を読んでいるのか、どんな本に関心があるのかを知り合っている人は、きわめて少ないのではないでしょうか。社会の最小単位である家族でさえそうであり、職場でも同様で、ましてや隣近所では関係性がありません。

本は心のよりどころです。人の気持ちは、本を通じて現れてくるのではないでしょうか。その声を聞き合うのが、まちライブラリーなのです。

5　組織より個人の思いや力が抜きん出ている世界

何か大きなことをやろうと思うと、組織力が要る、お金が要ると言われますが、逆なのではないでしょうか。組織ができ、大きくなっていく過程で、本来やるべきミッションは、むしろ失われがちになるのではないでしょうか。足して二で割ると言いますが、足してたくさんで割るのですから、思いがどんどん薄れていきます。

それに対して、個人の活動は、思いが抜きん出ています。第5章でご紹介した森の図書館の佐々木さんの活動などは、まさに抜きん出た思いでつくり上げられていますし、その他の多くの小さな図書館活動もそうです。

公共図書館や大学図書館ではなかなか出し得ない、組織よりも個人の思いが抜きん出ている世界が、一番大事なのではないでしょうか。もし大学や公共図書館に勤めていても、自分の時間はあります。自分の力でやる部分も必ず残していることが、大事なのではないでしょうか。個人としての思いを出せる場として、まちライブラリーを活用してほしいのです。

6　私たちにも参加させて！

公共図書館も学校も企業も行政も、サービスをしすぎのような気がします。何もかもお膳立てすることによって、サービスがアップし、利用者が喜ぶかというと、そうでもないのです。まちライブラリー@大阪府立大学で提案したように、図書館そのものをつくる活動に、利用者であるはずの市民に参加してもらっていることが、まちライブラリーを活性化させていく最も大切な視点です。いかに利用者に、自らの力を使って、活動に参画してもらえるようにするのか。お互いの足りない部分を組み合わせ、それぞれの価値観を認め合うことが、大事になってきているのかもしれません。

7　仲間と獲得した大きな賞

二〇一三年は、大きな賞をいただきました。一つはグッドデザイン賞二〇一三、もう一つは知的資源イニシアティブによるLibrary of the Year 2013優秀賞です。

グッドデザイン賞は、「公共のためのサービス・システム」として優れていると評価いただき、大阪府立大学の活動も、大学の活動の在り方として、傑出した役割を持っていると評価いただきました。これは私にとっても、この上もない名誉なことだと思っています。一般の人が参加した小さな活動が、社会システムの中で優れていると評価されることは、まちライブラリーに参加していただいたみなさんの勲章だと思います。

Library of the Year は、数あるライブラリーの中でも優れたライブラリーとして評価いただいたことで、これからの図書館活動をしていく糧になるのではないかと思っています。

組織でやったのでもなく、特定のスポンサーが支えてくれたのでもなく、一人一人が自らの気持ちに素直に、楽しみながらまちライブラリーに参画し、お互い仲間を作り、得た大きな賞だと言えます。

まちライブラリーで大切なのは、まず自らが楽しんで参加することにあるように思います。自分の気持ちを、素直に他の人に披瀝し、それを受け止める人がいる心地よさが、原動力になっているように感じるのです。人と人の間に生まれる心地よい「間《ま》」といえるものが生まれるからではないでしょうか。利害関係のない人に、心を開き、それを受け止めようとする人。これが、まちライブラリーと言えるかもしれません。

8　目標でなく、道草を楽しむまちライブラリー

まちライブラリーの活動をしていると、お金にもならないのに、どういう意味があるのかと聞かれることがあります。私はよく、「四歳の子どもが砂場でトンネルを掘っているときに、その費用対効果を考えるのか、目的があるのかと聞く人はいない」と答えます。四歳児にとっては、自分の想像力を膨らませる活動なのです。それは、何歳になっても必要な活動ではないかと思います。少なくとも私にとっては、まちライブラリーは知的好奇心をくすぐる遊びであり、道草でもあるのです。

道草は、気の向くまま散策するときにこそ、発見も多い。そのときに出会った人や発見した場所などが、生活にどれだけ潤いを与えてくれることか。それがまちライブラリーとも言えるのです。

おそらく、大人でも楽しめる遊びが必要になってきているのだと思います。社会の冗長性が大事な時代になってきているといえるでしょう。しかし、逆に目に見えない冗長性はどんどん切り捨てられ、何事も目標を達成する活動でなければならない、成果を出す活動でなければならないと言われがちですが、そういう活動だけで世の中が成り立っていることはありません。むしろ、文化は遊びの中から生まれてくることが多いのではないでしょうか。

まちライブラリーは、やらなければならないのではなく、楽しむものです。でも、その楽しみから何かが生まれてくるかもしれません。

9 あなたもまちライブラリーの世界へようこそ

ここまで読んでいただいて、感謝しています。興味を持ったら、気楽にできるこのまちライブラリーの活動に、ぜひ参加してください。
あなたは一人ではありません。背中を押してくれる、紹介したいまちライブラリーの仲間がいます。勇気を持って、この世界に飛び込んできていただきたいと思います。

これでまちライブラリーを通して、私が、感じていること、思っていることをお伝えしました。さらにこれからもまちライブラリーは、多くの人の手によって変化していくことでしょう。その変化を、私は、楽しみにしています。そして変化させていくのは、今この本を読んでくださっているあなたかもしれません。いつかお会いできるのを楽しみにしております。

あとがき

　まちライブラリーが始まる背景から、活動の黎明期、そして活動を通して出会った多くの人たち、まちライブラリーのいろいろな事例、始めた動機、それぞれの目的について、ご紹介してきました。まちライブラリーに限らず、私設図書館をやっている人たちの活動も、その一端をご説明させていただきました。最後に私なりにまちライブラリーをやる方々に共有していただきたい視点を整理してみました。まちライブラリーの短くも、変化に富んだ「旅」はいかがでしたか？　私にとっても、みなさんにとっても、少し頭の整理が必要でしょうね。よくかみしめる時間が必要かもしれません。

　まちライブラリーは、誰でもできます。何より、私のような普通のサラリーマンでもできます。振り返ってみると、多くの方との出会いや恵まれた機会に富んでいるようにも見えます。しかし、これは最初からは、なかったのです。やっているうちに結びついてきているものです。
　確かに、サラリーマンとしても多くのことを経験させていただきました。そのいくつかは、血となり肉となり、私の中で生きています。しかし、まちライブラリーを始めてからは、ほとんど、一からの出直しと言ってよい状態でした。私の置かれていた状況では、そうせざるを得なかったのです。でもその代わり、出会えないようなかけがえのない人たちに、たくさん出会えました。

新しい道に一歩踏み出すのは、躊躇します。私の場合は、恐る恐る、半歩進んでみたら、別の世界が見えたので、勇気を出して、気持ちをオープンにし、視界に見えた人に声をかけてみました。背中を押してくれる人もいれば、傍にいて見守ってくれる人も見えてきました。疲れたら立ち止まる。休憩してまた半歩。そんな感じが、まちライブラリーの歩みだったかもしれません。

こんな体験が、みなさんの参考になるかどうかはわかりません。でも自らの歩み出した幼いころを覚えている人は、いないでしょう。私たち誰もが最初の一歩をこうして歩み出して、歩けるようになってきました。再度、人生の中で歩み出す時が来ています。組織に頼らない、制度やシステムに頼らない。自分を信じて歩く。それが、まちライブラリーだと、私は思います。どうぞ気軽に、まずやってみるという気持ちでスタートしてください。今度は、私に背中を押し、見守る役をやらせてください。

最後になりましたが、まちライブラリーを始めるまでにも、始めてからも、そしてこの本を書くにあたっても、多くの人にお世話になりました。出会って、お力をいただいた、すべての人にお礼を申し上げます。

特に、人生に迷い、苦しい思いを持っていたころに、いろいろ励ましてくれ、支えてくれた仲間に深く、感謝します。その中で、本文にも紹介した友廣裕一さんや友成真一さんとの出会いが、私に半歩進む勇気を与えてくれました。

また、大阪府立大学の奥野武俊理事長兼学長や同大学観光産業戦略研究所所長の橋爪紳也教授、辻洋理事、今井良彦理事、石井実副学長には、大きなチャンスをいただき、辛抱強く活動を支えていただき、心より御礼申し上げます。

私が所属する一般財団法人森記念財団の伊藤滋理事長、竹中平蔵理事、山下眞悟常務理事には、私の若き日々からいろいろご指導いただき、またまちライブラリー活動には寛大なるご配慮をいただいて、活動を続けていくことができています。

そして、まちライブラリーの活動に参加してくださったすべてのみなさまに深く、深く感謝申し上げます。

最後に、この本を出すにあたって発言の記録やデータの収集、文章の校正、組版・装丁などを手伝ってくださった鈴木史朗さん、里形玲子さん、西山有子さん、奥井希さん、森口耕次さんにお礼を申し上げます。学芸出版社の岩崎健一郎さんには、まちライブラリーの出版という、大変貴重な機会をつくってくださり、誠にありがとうございました。

まちライブラリーの活動を始めて、全国を飛び回る生活になり、家族の支えもあって成り立ちました。年老いた母、富美子、妻、英子、娘、里衣に、この場を借りて感謝の言葉を添えます。

まちライブラリーは、これからどう変化するか、私も楽しみです。今までお会いした人、これから出会う人すべてに「よろしくお願いします！　みなさんと一緒に楽しみましょう！」とお伝えして、筆をおきたいと思います。

二〇一四年九月

奥多摩ＩＳまちライブラリーにて

礒井純充
連絡先メール：MSJ00657@nifty.com

礒井純充（いそい よしみつ）

「まちライブラリー」提唱者。1981年、森ビル株式会社入社。社会人教育機関「アーク都市塾」、産学連携・会員制図書館「六本木アカデミーヒルズ」などを立ち上げる。2011年より「まちライブラリー」を提唱。全国にネットワークを広げ、2013年には「まちライブラリー@大阪府立大学」を開設。同年には全国の私設図書館を集めた「マイクロ・ライブラリーサミット」を開催している。

本で人をつなぐ
まちライブラリーのつくりかた

2015年1月1日　第1版第1刷発行
2018年5月10日　第1版第4刷発行

著　者……礒井純充
発行者……前田裕資
発行所……株式会社 学芸出版社
京都市下京区木津屋橋通西洞院東入
電話 075-343-0811　〒600-8216
装　丁……森口耕次
装　画……坂本伊久子
印　刷……イチダ写真製版
製　本……山崎紙工

ISBN 978-4-7615-1345-0　Printed in Japan